Staatswirthschaftlich-geschichtliche

Nebenstunden.

Von

Karl Dietrich Hüllmann.

Bonn,
bei Adolph Marcus.
1843.

Inhalt.

I.

Ländereien, insonderheit fürstliche.

Wofern sich Untersuchungen über die ersten Gründe der bürgerlichen Gesellschaft nicht in das trügliche Gebiet der Einbildungskraft verirren, sondern auf dem Boden der Wirklichkeit und der Geschichte bleiben, finden die Ergebnisse wohl einigen Uebergang aus der Schule in das Leben. Vielleicht der gediegenste von diesen Gründen sind das Landeigenthum, und die meisten darauf bezüglichen sowohl staatsrechtlichen, als wirthschaftlichen Verhältnisse.

Etwa mit Ausnahme der Phöniker, die an das Meer vorgeschoben, und darauf angewiesen waren, desgleichen der kleinen Griechischen Gesellschaften, die an entlegenen Küsten, und auf felsigen Eilanden ein Unterkommen gesucht hatten, ist schon im frühesten Alterthum der Landbau das bezeichnende Merkmal gewesen, daß ein Volk aufgehört, eine umherziehende Horde zu seyn, und die festern Bande eines Staats zu schließen angefangen hatte. Bei der

Beschlagnahme eines Gebiets war dasselbe planmäßig unter die Mitglieder getheilt worden, in Ansehung des Umfanges der Loose jedoch in mehrern Staaten mit Rücksicht auf einen Unterschied der Stände. Der üble Ruf, den die Besitzer eines größern Erbes nachgelassen, als gefühlloser, übermüthiger, hoffärtiger Herrenstand, bezeichnet nur eine Zeit, worin die grundherrliche Macht noch nicht durch eine geldherrliche gemäßigt wurde. Jene stützte sich auf die Sklaverei, wie im Germanischen Mittelalter auf die Leibeigenschaft; die allmählich aufkommende geldherrliche hat hauptsächlich durch Uebervortheilung der mit den Preisen unbekannten Käufer bestanden. Wie im Fortgange der Zeit von diesen Schlacken ein edles Metall geläutert worden: das ist eine fruchtbare Aufgabe der innern Völkergeschichte. So gewaltig, wie jetzt, ist der Gewerbstand noch nie vorgedrungen, aber dem landherrlichen bleibt die Uebermacht gesichert, denn sie beruht auf einer unvergänglichen, unter allen Stürmen der Zeit unerschütterlichen Grundlage; bei weitem ist auch in den größern Europäischen Staaten die Zahl derjenigen Bewohner, die das Land bauen, mit Inbegriff der Ackerbürger, stärker, und ihres Auskommens gewisser, als die, der städtischen Arbeiter. In wenigen Fällen wird letztere den dritten Theil der Gesammt-Zahl ausmachen, nicht selten blos den fünften, im Durchschnitt den vierten.

Jener großen Mehrzahl der Bewohner eines ackerbauenden Staats muß zwar im Allgemeinen frei stehn, das Land nach Gutbefinden unter sich zu theilen, und die Abschnitte bald zu vergrößern, bald zu verkleinern; ein gleichgültiger Zuschauer darf aber doch die Regierung nicht bei Veränderungen seyn, die so tief in die innersten Verhältnisse der Gesellschaft eingreifen; als Führerin und Pflegerin derselben soll sie verderblichen Zuständen möglichst zuvorkommen. Als im Mittelalter die Hochstifter, Abteien, geistlichen Ritterorden, und der mächtige Lehn-Adel im Besitze so vieler und großer untheilbarer Ländereien waren, die sie theilweise an unterthänige Leute ausgethan hatten: auf welcher bürgerlichen und sittlichen Stufe befand sich damals Deutschland! Es würde dahin zurücksinken, wenn das Landeigenthum in unverhältnißmäßig großen Theilen in die Hände einiger reichen und mächtigen Familien käme. Das Nachtheilige einer solchen Vergrößerung haben schon in manchen Griechischen Staaten der frühern Zeit die Vorsteher des Volks erwogen, und für den Grundbesitz ein gewisses Maß als das höchste gesetzlich bestimmt 1). In Rom ist bekanntlich von zweien öffentlichen Beamten, C. Licinius Stolo, und L. Sextius, ein Gesetz durchgefochten worden, dem zufolge Niemand mehr, als fünfhundert Jugera

1) Aristot. Pol. VI. 2. §. 5. Schneid.

Landes, besitzen sollte [2]). Zwar haben die Urheber nicht in ganz reiner Absicht gehandelt; aber der einreißende Wucher der Reichen, damals noch vorzüglich der Patricier, das immer gefährlicher werdende, daraus entstehende Mißverhältniß in der Theilung des Grundeigenthums, und die Gefahr verderblicher Bewegungen, rechtfertigten ein kräftiges Einschreiten der Gesetzgebung. Durch die unaufhörlichen Kriege, und die in ihrem Gefolge eintretenden Uebel, wurden sehr viele kleine Eigenthümer zu Grunde gerichtet: durch die in Kriegszeiten zu leistende Steuer vom Grundvermögen, durch Versäumniß und Verfall der Wirthschaft, Verarmung, Verschuldung, Zinsendruck, Grausamkeit des Schuldenrechts. Die Fälle sind vorgekommen, daß nach einer Reihe von Jahren in den Zinsen das ganze Capital zurückgezahlt worden [3]). Erreichte die Schuldsumme den Werth des Grundstücks, und der Schuldner konnte nicht Rath schaffen, so ward dasselbe feil geboten, und fiel gewöhnlich, als Pfandschaft, den Gläubigern

---

2) Liv. VI. 35.
Varro R. R. I. 2. §. 9.
Valer. Max. VIII. 6. §. 3.
Plin. nat. hist. XVIII. 3.
Plutarch. Camill. 39 extr.
Cato apud Gellium VIII. 3 post. med.

3) Liv. VI. 14. 36. VII. 19.

anheim [4]). Solche wurden nun von jenen Volksvertretern als unrechtmäßige Besitzer vorgestellt, an deren Stelle die rechtmäßigen eingesetzt zu werden, die Aussicht hätten. Wucher und Vergrößerungssucht, hauptsächlich der Patricier, werden immer in genauer Verbindung genannt [5]).

Dies Alles ist so übereinstimmend und abgeschlossen, daß man nicht umhin kann, einige Schriftsteller des Alterthums eines Irrthums zu zeihen, die ein ähnliches Gracchisches Gesetz mit dem Licinisch-Sextischen für einerlei, für eine bloße Erneuerung desselben gehalten, und dadurch Verwirrung in die Sache gebracht haben [6]). Schon der Umstand kann auf die Verschiedenheit führen, daß in jenem des Wuchers keine Erwähnung geschieht, obgleich derselbe fortdauerte [7]). Das Augenmerk der Gracchen

---

4) Id. VI. 20: „(Manlius multorum hominum) bona venire „prohibuit“ — c 34: „quum iam *ex re* nihil dari pos„set, corpore iudicati atque addicti creditoribus satisfa„ciebant“

5) Id. VI. 37 et 39: „agros occupandi, foenore trucidandi „plebem. — De foenore atque agro rogationes. — Liberam „urbem a creditoribus, liberos agros ab iniustis possesso„ribus. — Ut (populus Romanus) foenore levetur, et in „agrum iniuria possessum a potentibus inducatur.“

6) Velleius Paterc. II. 6.
Appian. de bell. civil. I. 8. 9.
Plutarch. Tib. Sempr. Gracch. 8 et 10.

7) Liv. X. 13 extr.: „*plerisque* dies dicta, quia plus, quam „quod lege finitum erat, agri possiderent.“

war nicht darauf gerichtet, dem Unwesen des Privat-Länderei-Erwerbes ein Ziel zu setzen, sondern auf einen sehr alten, eben so vergeblich als häufig zur Sprache gebrachten Mißbrauch, auf die damals immer weiter gehenden Umgriffe der reichen und mächtigen Familien, die von den in den eroberten Gebieten in Beschlag genommenen Ländereien die Nutzung gegen eine geringe, an den Staat geleistete Abgabe, an sich zu bringen gewußt hatten. Dadurch nun, daß die Gracchen solche Besitzer ebenfalls unrechtmäßige genannt, und für sie das gleiche Maß von fünfhundert Jugera, als das höchste, festgesetzt haben, sind jene Schriftsteller zu dem angegebnen Irrthum verleitet worden. Livius dagegen, gründlich von dieser Angelegenheit unterrichtet, giebt die Verschiedenheit beider Gesetze durch zwei bezeichnende Merkmale zu erkennen. In der Erzählung von Licinius und Sextius sagt er immer einfach und schlechthin ager [8]) und lex [9]); überall aber, wo er von dem ständischen Kampfe über die Staatsländereien handelt, setzt er ausdrücklich hinzu: publicus [10]), und agraria [11]). Nicht ohne Gewicht

8) Id. VI. 35. 37. 39. VII. 16 extr.

9) X. 13 extr.

10) II. 41. 61. — IV. 36. 51. 53. 57. — VI. 5. — XXXI. 13.

11) II. 41: „agri aliquantum, quem *publicum* possideri a pri-„vatis criminabatur; — tum primum lex *agraria* promul-

ist auch folgender Umstand. Der eben erwähnte mehrhundertjährige Kampf ist von der Plebs gegen die Patres geführt worden; nur diese fanden Mittel und Wege, zu dem Besitze von Staatsgrundstücken zu gelangen. Wenn gleichwohl Licinius, ein Plebejer, tausend Morgen Landes erworben, also sein eigenes Gesetz, arglistig und auf einem Schleichwege, übertreten hat 12), so spricht dies für die hier aufgestellte Meinung.

Durch die mittelbaren Folgen der unaufhörlichen Kriege wurden die beabsichtigten Wirkungen sowohl der Gesetze gegen Wucher und erpreßtes Eigenthum, als der Ackergesetze, vereitelt. Zu diesen Folgen gehörten die Zerrüttungen in den Eigenthumsverhältnissen, die sich allmählich über das ganze von Rom unterjochte Italien verbreiteten: für die Feldhauptleute und Kriegswirthschafter ein goldnes Zeitalter; selbst einige Ueberläufer zogen Vortheil aus dem öffentlichen Unglück. Von den eingezogenen, zum Staatseigenthum erklärten Gütern ward ein großer Theil die Beute jener Schoßkinder des Kriegs,

---

„gata est.“ — IV. 51: „desiderium *agrariae* legis, quae „possesso per iniuriam agro *publico patres* pelleret.“

12) Liv. VII. 16 extr.
Plin. nat. hist. XVIII. 3.
Valer. Max. VIII. 6. §. 3.
Plutarch. Camill. 39 extr.

entweder durch grobe Anmaßung, oder durch Benutzung mächtiger Verbindungen. Viele vergrößerten noch ihre Besitzungen durch Erwerbung benachbarter Grundstücke zahlungsunfähiger Schuldner [13]). So sind die berüchtigten, von Sklaven gebaueten Latifundia entstanden [14]).

Ein Fluch, wie auf diesen, ruht zwar nicht auf den großen Wirthschaften, die in der neuern Zeit in England, Südschottland, und im nördlichsten Deutschland eingerichtet worden; nachtheilig aber würde es doch für den Gliederbau der Gesellschaft seyn, wenn die Zusammenziehung der Pacht- und Bauer-Höfe in große Landwesen überhand nähme. Zum Nachtheil des richtigen Verhältnisses sowohl zwischen der Volkszahl und der Erzeugung von Getreide, als zwischen der ländlichen und städtischen Betriebsamkeit, ist in England schon früher einst, und wieder neuerlichst, von mehrern großen Landherren die Schafzucht vorbegünstigt, und vieler

---

13) Liv. XL. 1 et 19: „(agri publici) ingentem modum possidere privatos, paullatim proferendo fines, constabat. — „Magna pars agri Campani, quem privati sine discrimine „passim possederant, recuperata in publicum." — XLIV. 16: „(senatus iussit Onesimo, nobili Macedoni) agri Tarentini, „qui publicus populi Romani esset, ducenta iugera dari." Appian. l. l. c. 10 et 36.

14) Plin. l. l. c. 6: „latifundia perdidere Italiam, iam vero et „provincias."

Getreideboden in Weideland verwandelt worden; die Pachtbauern mit Gesinde und Tagelöhnern haben die Heimath verlassen gemußt. Schon der geistvolle Thomas Moore hat dies gerügt, und die Schafe in England reißende Thiere genannt, welche Menschen verschlängen, und ganze Gegenden verheerten [15]. Der gewerbliche Zustand hat in der neuesten Zeit das Uebel von neuem herbei geführt. Von den Gütern des Grafen Sinclair sagt Arthur Young: „wo bisher eine beträchtliche Zahl ländlicher Fami- „lien ihren Unterhalt fand, da weiden jetzt acht „tausend Hammel." — Wohin soll nun ein so ver- waisetes Landvolk? Es drängt sich in die Städte; da sind dann Entsittlichung, ja Verbrechen die un- vermeidliche Folge der Ueberbevölkerung und Ver- armung.

Wenn nicht zum Behufe der Schafzucht, so doch zur Ausführung neuer, ins Große gehender Wirthschaftsplane, haben gegen das Ende des vori- gen Jahrhunderts, und zu Anfange des jetzigen, auch in Mecklenburg, Pommern, der Mark Bran- denburg, verschiedne Gutsbesitzer, deren Bauern nicht Eigenthümer der Höfe waren, den Versuch ge- macht, die letztern einzuziehn, und einen umfassen- den Landhaushalt einzurichten, dessen Zweige in einander griffen: was im erstgenannten Lande das

---

15) Utopia l. I., in opp. Erfurti et Lipsiae 1689. p. 194.

Legen der Güter hieß. Im Preußischen Staate hat die Gesetzgebung dies unter Bedingungen gestattet. Es ward im Jahre 1807 verfügt, daß, mit Genehmigung der vorgesetzten Behörde, den Gutsherren frei stehn sollte, diejenigen Bauerhöfe zusammen zu ziehn, die nicht erblich, oder erbpacht- und erbzins-weise ausgethan wären. Noch ward für die nächsten drei Jahre die Bedingung festgesetzt, daß auf solchen einzuziehenden Höfen auch die Erbunterthänigkeit nicht mehr bestände, mit der Bekanntmachung, daß dieselbe am zehnten November 1810 überall aufhören sollte. Wo aber eins oder das andere der angegebnen Verhältnisse Statt hätte, da dürfte die Veränderung nur vorgenommen werden, nachdem die Betheiligten abgefunden, und ihre Rechte dadurch erloschen wären 16). — In dem löblichen Eifer, Heilmittel für die Wunden zu suchen, welche die Zeit geschlagen, war hierin die Regierung einige Schritte über die Gränze gerathen. Sie ward es bald gewahr, und lenkte ein. Zuvörderst erfolgten genauere Bestimmungen über die Auseinandersetzung mit den Berechtigten, zur Vermeidung von Streitigkeiten. Aus Hypotheken- und Grund-Büchern sollten gerichtliche Untersuchungen angestellt werden, ob irgend Jemand Rechtsansprüche erheben könnte,

16) Edict vom 9. Oct. 1807. §§. 6. 7. 12. Gesetz-Sammlung N. 16.

mit dem der Gutsherr ein Abkommen zu treffen hätte. Dazu kamen aber einige Verfügungen, bei denen es auf die Beschränkung des Einziehens der Bauergüter, und auf die Erhaltung der kleinen, insonderheit bauerlichen Besitzungen abgesehn war. Eine Zahl von Magdeburger Hufen (zu 30 Morgen) wurde als die höchste für den Flächenraum eines Vorwerks festgesetzt: keins sollte deren mehr, als sechs bis zwölf, nach Maßgabe der Güte des Bodens, enthalten. Auch sollten von dem Einziehn die Grundstücke ausgenommen seyn, die bereits am 15. Februar 1763 (am Tage des Friedensschlusses zu Hubertsburg) von Bauerfamilien als Bauerland besessen worden. Zwei wichtige Bestimmungen aber gingen noch weiter. Sie waren, wie es scheint, Vorläufer einer umfassenden Gesetzgebung, welche die bisherige so gut, wie überflüssig machte, und den Bauernstand, dessen unvergänglich kräftige Schultern zuletzt das Staatsgebäude tragen, eigentlich erst vollständig in die Staatsbürgerschaft aufnahm, da ihm bisher hauptsächlich nur die Pflichten derselben, Steuern, Leistungen, Kriegsdienst, obgelegen, weniger aber die Rechte zugestanden hatten. Die Hälfte der Grundstücke bauerlicher Familien sollte diesen gesichert bleiben. Dem Gutsherrn also, der sein Bauerland einziehn wollte, ward dies nur unter der Bedingung gestattet, daß er die Hälfte des Flächenraums als Eigenthum, Erbzins- oder Erbpacht-Land austhäte, und zwar frei von allen Dienstbarkeiten, als Frohndiensten, Abgaben, Trift- und Hütungs-Recht, Mühlen- und Getränke-Zwang, in so fern nämlich diese Gerechtigkeiten dem Grundherrn selbst, und nicht etwa einem andern zuständen. Doch sollte jener befugt seyn, wenn sein Wirthschaftsplan die Einziehung aller, oder des größern Theils der Bauerhöfe einer Dorfmark erfoderte, auf einem andern ihm gehörenden Gute einen Flächen-Inhalt von gleicher Größe und Güte zu dem gesetzlich bestimmten Behufe anzuweisen. Die hinzugefügte Berechtigung, den Mangel an gutem Boden durch ein größeres Stück Land zu ersetzen, wäre, wenn sie zur Ausführung gekommen, für den Bauer lästig gewesen [17]). Nach anderthalb Jahren schon gedieh der Plan der Regierung zur völligen Reife, durch Eigenthum und Selbstständigkeit des Bauernstandes den Staat zu befestigen. Ein fruchtbares Gesetz verordnete die Ablösung aller auf den erblichen Besitzungen der Bauern ruhenden Dienstbarkeiten und Berechtigungen, gegen wechselseitige billige Entschädigung, und erklärte die Besitzungen für freies Eigenthum. Zur Einziehung erblicher Höfe war hierdurch den Gutsherrschaften die Aussicht benommen. Und selbst in Ansehung solcher, auf deren Besitz

17) Verordnung vom 9. Januar 1810. Daselbst N. 100. — Vergl. Edict vom 28. Oct. 1810. Daselbst N. 10. S. 95.

keiner Familie ein erbliches Recht zustand, erfuhr die in Rede stehende Befugniß wesentliche Beschränkungen. Auch von diesen muß die Hälfte, oder, wo besondere örtliche Verhältnisse bestehn, ein gewisser bestimmter Theil als Eigenthum abgetreten, und nur das übrige Land darf eingezogen werden [18].

Wie weit die Regierung in der wichtigen Angelegenheit der Theilung des Grundeigenthums die Staatsgenossen frei müsse gewähren lassen, und wo ihre Pflicht, einzuschreiten, den Anfang nehme: darüber allgemeine Grundsätze aufstellen zu wollen, würde Kurzsicht verrathen, da die zu ergreifenden Maßregeln von den Zuständen der Länder, und selbst der Zeiten, bedingt werden. Daher sind nur Betrachtungen statthaft, deren Anwendbarkeit immer und überall unzweifelhaft ist. In Beziehung auf Staaten von großem Umfange, in welchen neben der Landwirthschaft auch viele Räder des Kunstfleißes und Verkehrs in lebhafter Bewegung sind, ist zunächst die Untheilbarkeit großer Familiengüter, mit dem Rechte der Erstgeburt, zu erwähnen. In der Voraussetzung, daß die Zahl solcher Landwesen im Verhältniß zu den übrigen nur mäßig sei, lassen sie sich in günstigem Lichte vorstellen, als kleine monarchische Familienstaaten, deren männliche Mitglieder

---

18) Edict vom 14. Sept. 1811. §§. 1. 4. 6. 31. 37. 38. 57. Daselbst N. 52.

durch Erbfolgerecht an die Heimath gebunden sind, als feste Stellen mitten in dem wogenden Wechsel der Besitzungen, als Gegengewicht gegen die Macht des beweglichen Vermögens. Wenigstens ist es für die Befestigung der staatsgesellschaftlichen Bande wünschenswerth, daß, wie die Bauergüter selten aus dem Besitze einer Familie in den, einer andern, übergehn, eben so die großen Landwesen möglichst lange forterben. Denn wie der sittliche Mensch Weltbürger, so soll der bürgerliche zwar Staatsbürger seyn, die wärmste Anhänglichkeit aber fühlt er doch meistentheils für die heimathliche Gegend, wo die Klänge, die Gebräuche, die Speisen an die glückliche Zeit der ersten Jugend erinnern. Auch für die Unzertrennlichkeit großer Besitzungen sprechen eigenthümliche Umstände. Sie haben darin einen Vorzug vor den kleinern, daß mehrere Zweige vereinigt sind, die sich gegenseitig unterstützen, wodurch der Ertrag erhöht wird; unter andern wenn ein Vorwerk auf der Höhe liegt, ein anderes mit den Wiesen in der Niederung. Für die Güter aber von geringerm Umfange sind ebenfalls gewisse Gründe von Gewicht. Der Eigenthümer vermag, überall mit eigenen Augen zu sehn, ohne sich auf angestellte Wirthschafter verlassen zu müssen; die Verwaltung kann also aufmerksamer, genauer, einträglicher seyn. Dabei kömmt in Betracht, daß eine größere Zahl wohlhabender Familien besteht, an die sich mehrere Tagelöhnerfamilien anschließen. Eine gute Folge wird auch seyn, daß wegen größerer Concurrenz auf den Getreidemärkten seltner erkünstelte Theurung entsteht. Schwer zu entscheiden ist aber, welches von den beiden äußersten Uebeln verderblicher für das Gemeinwesen sei: ob die Zusammenziehung der kleinen Besitzungen in unverhältnißmäßig viele große, oder die übermäßige Zerstückelung jener. Tadelhaft ist schon, wenn gesetzlich gestattet ist, bei Erbtheilungen solche Zersplitterung vorzunehmen, noch mehr aber, wenn wucherliche Capitalisten große Landstrecken ankaufen, und sie, in viele sehr kleine Theile zerschnitten, mit großem Vortheil an geringe Leute verkaufen dürfen. Da wimmelt es bald von Kindern; auf dem Lande ist die Ueberbevölkerung weit nachtheiliger, als in den Städten; hier stockt nun die Zufuhr, da das arme Landvolk seine wenigen erzielten Scheffel Getreide selbst verzehrt. Hunger und Noth verführen zu strafbaren Handlungen: eine unsägliche Landplage. Es ist wohl nur eine Stimme, daß hier die Gesetzgebung Einhalt thun müsse. Im ehemaligen Neu-Ostpreußen geschah dies sogar in Ansehung adlicher Güter, als eine bedenkliche, zu weit gehende Theilung derselben einriß: fünf Magdeburger Hufen, zu dreißig Morgen, wurden als der geringste Flächen-Inhalt festgesetzt *).

*) Von dem Verfasser blos aus dem Gedächtniß niedergeschrieben.

Vor allen andern sind die fürstlichen oder Kammer-Güter, gewöhnlich genannt Domänen, in Vollständigkeit und ungetheilt zu erhalten, wegen des Betriebes der Landwirthschaft im Großen, und als Quellen sehr bedeutender öffentlicher Einkünfte *). Treffend hat in der letztern Beziehung ein Sachkundiger die Domänengüter des Preußischen Staats „sehr werthvolle Juwelen in Preußens Krone" genannt, die, (wenn sie unter der Aufsicht erfahrner Verwaltungsräthe stehn) „einen kaum geahnten Nutzen abwerfen dürften [19]." Es kann schon jetzt der reine Ertrag derselben mit den Forsten zu sieben Millionen Thalern angenommen werden, mit Inbegriff nämlich eines abgesonderten, als Kron-Fideicommiß vorbehaltnen Theils von drittehalb Millionen [20]. Da nun, diese eingerechnet, das gesammte Staats-Einkommen die Höhe von 55 Millionen erreicht [21], so wird es von der Richtigkeit

---

*) Von dem Ursprunge und der rechtlichen Natur der Kammergüter in Deutschland, worüber eine Ausführung hier fremdartig wäre, hat der Verfasser in seiner Geschichte des Ursprungs der Deutschen Fürstenwürde S. 259 ff. gehandelt.

19) Ein Ungenannter, in der Berliner Haude- und Spenerschen Zeitung, J. 1842, N. 123. Beilage.

20) Verordnung vom 17. Januar 1820: Gesetz-Sammlung N. 577. §. III. S. 10.

Vergl. allg. Landrecht, Th. II. Tit. 14. §. 12.

21) Allg. Etat der Staats-Einnahmen und Ausgaben für das J. 1838: Gesetz-Sammlung Stuck 11.

nicht weit abstehn, den reinen Ertrag der Preußischen Domänen und Forsten beinahe als den achten Theil sämmtlicher Staats-Einkünfte anzunehmen. In England beträgt er etwa den tausendsten, nachdem die 1400 Rittergüter (jedes zu 4 Hiden Landes), die Wilhelm der Erste zum Krongute erklärt hatte, fast ganz verschleudert worden. Wo sollte nun im Preußischen der Ersatz einer so beträchtlichen Summe herkommen, wenn, nach dem Rathe verschiedner staatswirthschaftlichen Schriftsteller, alle diese schönen Güter, deren Ergiebigkeit mit den steigenden Preisen der Lebensmittel Schritt hält, abgebauet oder zergliedert, und in Bauerwirthschaften, entweder als Eigenthum, oder erbpachtweise, verwandelt würden? Hofft man den Ersatz von den Grundsteuern? Diesen sind ja die Domänen schon unterworfen. Sämmtliche Grundsteuern betragen jetzt nahe an zehn Millionen 22); würden sie, da die Forsten von der Zergliederung ausgenommen würden, mit dem Canon der Erbpächter, auf fünfzehn bis sechszehn steigen? Sehr zu beachten ist auch, daß die großen Schäfereien wegfielen, durch die jetzt der Ertrag der geeigneten Güter sehr erhöht wird. Zwei Gründe für die Maßregel lassen sich hören, doch nur unter Bedingungen: Vermehrung der Volkszahl auf dem Lande, und besserer Anbau des

---

22) Ebendaselbst.

Bodens: allerdings ersprießlich, wo unfruchtbares Haideland, überflüssige Waldgründe, Moorgegenden urbar zu machen sind. Wie durch diese Gründe bewogen, in der zweiten Hälfte des vorigen Jahrhunderts einige Deutsche Regierungen die Sache in geringerm oder größerm Umfange ausgeführt haben, ist von dem Verfasser in einer frühern Schrift dargestellt worden [23]). Es ist auch der Vorschlag zur Sprache gekommen, durch Verkauf der Domänen, insonderheit durch Zergliederung und Verwandlung in Bauergüter, die Staatsschulden abzutragen. Dem steht zuvörderst entgegen, daß ja diese Schulden nicht ausschließlich auf dem Grundvermögen der fürstlichen Familie, sondern auf dem ganzen Lande haften, die Domänen also nur einen verhältnißmäßigen Theil zu tragen hätten. Dann wäre es auch keine Abhülfe für alle Zeiten. Der ewige Friede ist das tausendjährige Reich. Ein solches Grundcapital darf nur in den alleräußersten Fällen angegriffen werden, denn es ist unersetzlich. Nur durch unverdrossene Thätigkeit des Volks, und sparsamen Haushalt der Regierung ist der Zweck zu erreichen. Einen Mittelweg fand in ähnlichem Falle einst die Römische Regierung. Von den Staatsgläubigern gedrängt, zu einer Zeit, als sie wegen

23) Geschichte der Domänenbenutzung in Deutschland. Frankfurt a. d. O. 1807. S. 132 ff.

bevorstehender Kriege keine Baarschaft entbehren konnte, übergab sie ihnen Statt des dritten Theils des Capitals gewisse nach ihrem Werthe abgeschätzte Staatsgrundstücke in mäßiger Entfernung von der Stadt, mit dem Vorbehalt einer Geldleistung zur Anerkennung des Staats-Obereigenthums, und mit der Bedingung, daß, wann sich die öffentliche Kasse in besserm Zustande befände, Jeder, der es wünschte, das Land zurück erstatten, und die entsprechende Geldsumme in Empfang nehmen könnte[24].

In den Kurbrandenburgschen Landen war zu Anfange des achtzehnten Jahrhunderts ein unüberlegter, in großer Ausdehnung angestellter Zergliederungs-Versuch auf empörende Weise verunglückt[25]. Friedrich Wilhelm der Erste wußte den Schatz zu würdigen, den das Land an den Domänengütern besaß. Auch ohne seine sonstigen Verdienste um den Landbau würde schon das berühmte Gesetz über die Unveräußerlichkeit derselben seinen Namen in dankbarem Andenken erhalten[26]. Fast hundert Jahre stand die Festsetzung unerschüttert, selbst nach dem Hubertsburger Frieden. Aber nach dem, zu Tilsit, waltete ein anderes Geschick über Preußen. Die

24) Liv. XXXI. 13.

25) Geschichte der Domänenbenutzung in Deutschland. S. 100 ff.

26) Edict vom 13. August 1713: Mylii corp. const. March. IV. 2. S. 161.

Männer, die an das Werk gingen, dem Unglücke Gutes abzugewinnen, und eine bessere Zeit vorzubereiten, vermochten dies doch nicht ohne bedeutende Opfer; und ein edler König gab ihrem Muthe und ihrer Einsicht die Weihe. Bei dem gesunkenen Credit stand kein anderes Mittel zu Gebote, dringenden Bedürfnissen abzuhelfen, als, das theure Gut anzugreifen, einen Theil der Domänen zu verkaufen, einen andern mit Schulden zu belasten. Jene waren aber, auf den Grund der Verfügung Friedrich Wilhelms des Ersten, gesetzlich zum Staatseigenthum erklärt worden 27). Damit die Abweichung Rechtsgültigkeit erlangte, geschah sie mit Einwilligung aller Prinzen des königlichen Hauses, und mit Zuziehung ständischer Ausschüsse aus allen damals zum Reiche gehörenden Landschaften 28). Wer hätte hierin ein Vorzeichen ständischer Berathungsanstalten geahnet, die vierzehn Jahre nachher im Lichte entgegengesetzter Umstände gestiftet wurden!

---

27) Allg. Landrecht Th. II. Tit. 14. §. 11.

28) Beschluß vom 17. Dec. 1808.

Kundmachung unter dem 6. Nov. 1809.

Erweiterung vom 26. Jun. 1811, und vom 5. März 1813.

Sämmtliche diesen Gegenstand betreffende gesetzliche Bestimmungen sind abgedruckt in Mannkopffs allg. Landrecht für die Preuß. Staaten. Zweiter Th., vierter Band (überhaupt sechster Band) S. 291—297.

So lange die Domänen, in ihrer Eigenschaft als fürstliche Stamm- und Familien-Güter *), von den Landesherren, mit Einwilligung der zuständigen Verwandten, veräußert, oder verpfändet werden konnten, war das Besitzthum dem Lande nicht gesichert. Aber schon gegen das Ende des vorigen Jahrhunderts ging einer der erlauchtesten Fürsten, Karl Wilhelm Ferdinand von Braunschweig Lüneburg zu Wolfenbüttel, mit dem Beispiele voran, für die möglichste freie Erhaltung des reichen Erbes zu sorgen, und unverbrüchlich festzusetzen, daß fürstliche Kammergüter nicht ohne dringende (ausführlich bezeichnete) Landesbedürfnisse, und nicht ohne Prüfung und Einwilligung der Landstände, mit Schulden belastet werden sollten [29]). Zwanzig Jahre später begann ein nie wahrgenommener Geist die Deutschen zu beleben, der in einigen Bundesstaaten unter andern auch die fürstlichen Güter einer vormundschaftlichen Sorgfalt der Stände unterwarf, damit sie dem Lande erhalten würden. Ohne Bewegungen, oder unter Kämpfen, ist dies geschehn in Würtemberg [30]),

*) Gesch. des Ursprungs der Deutschen Fürstenwürde, a. a. O.

29) Grundgesetz vom 1. Mai 1794, §. 4—7.

Revidirte Landschafts-Ordnung vom 30. Sept. 1831. §. 102.

Neue Landschafts-Ordnung vom 27. Aug. 1832. §. 164.

30) Verfassungs-Urkunde vom 25. Sept. 1819. §. 107.

Baden [31]), Rheinhessen [32]), dann in Kurhessen [33]) und Sachsen [34]).

So hat in mehrern Staaten von Deutschland die Gesetzgebung eine Schutzwehr für das fürstliche Grundvermögen aufgeführt, so daß der Fürst, indem er einen Theil seines Einkommens den öffentlichen Bedürfnissen zuwendet, in Wahrheit Bild eines Landesvaters seyn kann, und wodurch zugleich eine Erinnerung an die Ursprünglichkeit der Deutschen Fürstenwürde erhalten wird, die allein im Stande seyn dürfte, manchen wohlmeinenden Eiferer, der die Bahn überschreiten will, besonnen zu machen. Eins aber wird bei dieser Aeußerung als wesentlich vorausgesetzt: daß der gediegene Deutsche den Muth habe, auf eine bessere Zukunft zu vertrauen, auf eine immer höhere sittliche Stufe des Volks, seiner Fürsten, und ihrer Räthe; daß er also die Gewähr einer gerechten Führung der öffentlichen Sache nicht ausschließlich in den Buchstaben der Verfassung, und in eine wohl zuweilen zweideutige Stimmenmehrheit setze, sondern auch von

31) Verf.-Urk. vom 22. Aug. 1819. §. 58.

32) Verf.-Urk. vom 17. Dec. 1820; Art. 7: „ohne ständische „Einwilligung soll von dem unveräußerlichen Familien-„Eigenthum, Familien-Gute des großherzog-„lichen Hauses nichts verpfändet werden.“

33) Verf.-Urk. vom 5. Jan. 1831. §. 142.

34) Verf.-Urk. vom 4. Sept. 1831. §. 18.

der Einsicht und dem Rechtsgefühl der Regierung Erwartungen hege *).

Ueber die zweckmäßige Benutzung der Domänengüter scheinen die Verhandlungen geschlossen; daher folgt hier hauptsächlich nur eine bündige Darstellung der Ergebnisse, theils mit Anwendung einiger oben vorgelegten, allgemeinen Gedanken über Ländereiwesen, theils mit Berücksichtigung der Grundsätze, auf die im Preußischen Staate eine vieljährige Ausübung geführt hat.

Allgemein anerkannt ist die Verwerflichkeit der reinen Verwaltung durch angestellte Wirthschafter. Auch die besten sind Miethlinge; es fehlt der Sporn unverdrossener Aufmerksamkeit und Thätigkeit. Vollkommen genaue Führung der Wirthschaftsbücher, strenge Gewissenhaftigkeit in den Rechnungen ist nun ein Mal nicht zu erwarten. Noch andere Nachtheile sind mit dieser Benutzungsart verbunden. So sparsam, wie der Eigenthümer oder Pächter, ist kein Verwalter; die Wirthschaftskosten belaufen sich

*) Sully, mémoires, livre XIX, à Genève, T. V. p. 233: „les vues d'un roi *bon et sage* ne doivent point etre en „tout, et dans toutes sortes de conionctures, les mêmes, „que celles du peuple. — Jamais, ou presque jamais les „considérations, qui déterminent le peuple, ne s'étendent „au delà du présent.“

also höher. Verlegenheiten für die Domänenkasse bleiben nicht aus. Es sind nämlich bestimmte Ausgaben darauf angewiesen, mit feststehenden Zahlungsfristen; nicht immer aber können die Einnahmen zur rechten Zeit, und in gleichbleibenden Summen eingehn, da bei der Veränderlichkeit der Marktpreise des Getreides der Verwalter nicht zu jedem wird losschlagen wollen und sollen. Ohne eine angemessene Bürgschaft endlich wird man doch Niemandem eine so bedeutende Wirthschaft anvertrauen; nicht leicht aber werden sich fähige und rüstige junge Männer finden, die solche zu leisten im Stande sind, und sich gefallen lassen, auf unbestimmte Zeit angenommen zu werden. Nicht zu vergessen die beträchtlichen Tagegelder der Beamten, welche monatlich, oder doch vierteljährlich die Güter bereisen, um die Rechnungen abzunehmen.

Fast alle diese Umstände widerrathen auch die sogenannte Gewährsverwaltung, die zugleich eine Spielart von Pacht ist, in so fern dabei das Unterscheidungsmerkmal der letztern, Hoffnung auf Gewinn, von Seiten des Gewährsverwalters Statt findet. Ein förmlicher Anschlag bildet die Grundlage. Nach Maßgabe des ermittelten reinen Ertrags macht sich der Unternehmer anheischig zur Leistung einer bestimmten jährlichen Summe, für die er stehn muß, auch in Fällen, wenn ein Minder-Ertrag eintritt. Findet sich dagegen bei der Rechnungs-Abnahme, der er sich zu unterwerfen hat; ein Ueberschuß, so genießt er davon einen vertragsmäßigen Theil, etwa die Hälfte.

Für die Erbpacht lassen sich allerdings einige Gründe von Gewicht anführen. Der Besitzer weiß das Grundstück nicht nur sich selbst auf Lebenszeit gesichert, sondern er hat diese Aussicht auch für seine leiblichen Nachkommen; seine Theilnahme und Sorgfalt ist also fast die, des Eigenthümers; er entschließt sich zu Verwendungen und Anlagen, deren Nutzen erst nach Jahren eintritt. Der Eigenthümer trägt keine Steuern und Lasten; er ist der kostspieligen Unterhaltung der Gebäude überhoben, und gewährt in Mißjahren keinen Erlaß von dem Pachtgelde, der immer die lästigsten Untersuchungen verursacht, und in den Rechnungen die Aufstellung der Einnahmen erschüttert. Diese Vortheile aber werden nicht nur durch einen unverkennbaren Verlust aufgewogen, sondern die beiden letztern lassen sich auch in einigem Grade bei den auf eine längere Reihe von Jahren festgesetzten Zeitpachtungen erreichen, wie unten gezeigt werden soll. Der Verlust besteht darin, daß die jährliche Pachtsumme, der sogenannte Canon, wegen der von dem Erbpächter eingegangnen Verbindlichkeiten, sehr viel geringer ist, als sie bei der Zeitpacht seyn würde, und daß sie, nach dem Wesen des Vertrags, nicht erhöht werden darf. In Ländern, wo das Gewerbe sich erweitert, und der Geldumlauf zunimmt, wird der Nachtheil dieser Benutzungsart merklich. Denn in Folge dieses Fortschreitens steigen auch die Preise des Getreides, und mit diesen mittelbar die, mehrerer andern Dinge: wodurch die Ausgaben des Eigenthümers gesteigert werden, ohne daß die Einnahme, die unveränderliche, im Geringsten fortrückt. Dem Schaden wird durch die bekannte Maßregel nicht ganz vorgebeugt, den Canon in Körnern anzusetzen, und in Ansehung der dafür zu zahlenden Geldsumme einen Zeitraum zu bedingen, nach dessen Ablaufe sie einer Prüfung unterworfen, und mit dem alsdann herrschenden mittlern Marktpreise ins Gleichgewicht gesetzt wird. Dieses Verfahren wird unten für die ländliche Grundsteuer empfohlen werden; daraus folgt aber nicht die Anwendbarkeit auf die Erbpacht. Der Eigenthümer kann von seinem Grundstück einen angemessenen Ertrag erwarten, der Staat aber darf die Grundeigenthümer nur mäßig in Anspruch nehmen. Auch der Erbpächter wird übel fahren, wenn schwere Unglücksfälle ihn treffen; denn er darf, um sich zu helfen, weder einzelne Zugehörungen verkaufen, noch Schulden auf das Grundstück laden; die Einwilligung des Eigenthümers aber wird schwer zu erlangen seyn.

Zeitpacht ist unstreitig die beste Art der Domänenbenutzung. Es kömmt nur darauf an, daß diese Güter den möglichsten Ertrag gewähren, und auf den wirthschaftlichen Zustand des Landes vortheilhaft einwirken. Der möglichste Ertrag aber ist nicht zu verwechseln mit der erreichbarsten Pachtsumme. Dies kömmt besonders in Betracht bei der bedenklichen Maßregel, vermittelst öffentlicher Ausbietung zu verpachten, entweder auf dem Wege förmlicher Versteigerung, oder nach schriftlich eingereichten Angeboten; so daß die Domänenbehörde unter den drei Meistbietenden denjenigen auswählt, der ihr von allen Seiten der geeignetste scheint. Daran ist kein Zweifel, daß sich pachtlustige junge Männer genug melden werden, die ein Unterkommen suchen, und sich für fähig genug halten, auch die erfoderliche Bürgschaft zu leisten im Stande sind; bei den meisten aber wird das Selbstvertrauen größer seyn, als die Kenntniß und Erfahrung. Früher oder später wird der Urheber eines unüberlegten Gebots, wenn er den Zuschlag erhalten hat, die Selbsttäuschung gewahr werden, mit der Pachtzahlung in Rückstand bleiben, Irrungen und Mißverhältnisse mit der Behörde verursachen. Vor beinahe hundert Jahren schon hat Friedrich der Zweite von Preußen dies erwogen, und den Befehl erlassen, wer ein Mehrgebot thue, ohne befriedigend nachzuweisen, wie es zu rechtfertigen, und aus welchem Zweige der Wirthschaft ein Mehr-Gewinn zu ziehn sei, solle als ein Schwindler abgewiesen werden [35]).

---

35) Verfügung vom 16. Dec. 1747.

Am zweckmäßigsten geschieht die Verpachtung auf den Grund eines ausführlichen, überall ins Einzelne gehenden Anschlags, ungeachtet der hierbei nicht ganz vermeidlichen Irrthümer, willkührlichen oder verfehlten Annahmen, trüglichen Folgerungen, die gewöhnlich aus den in dem letzten Pacht-Zeitraume geführten Wirthschaftsbüchern gezogen werden. Mehr, als eine muthmaßliche Vorherberechnung des reinen Ertrags, soll der Anschlag nicht seyn; er kann also nicht anders, als auf Voraussetzungen und Wahrscheinlichkeiten beruhn, wonach das Ergebniß nur in einer Durchschnittszahl bestehn kann. Eben deshalb aber, und weil der Natural-Ertrag in allen Theilen möglichst genau, doch nicht überspannt, ausgemittelt, die Geldsätze aber in mäßigen Summen bestimmt werden, liegt in dem Unternehmen des Pächters etwas Kaufmännisches: er rechnet auf den Erfolg seiner Betriebsamkeit, und auf günstige Zufälle.

Umfang und Dauer der Pacht sind Gegenstände wichtiger Erwägung in wirthschaftlicher sowohl, als in staatsgesellschaftlicher Beziehung. Jenen betreffend, gelten die obigen Bemerkungen über die eigenthümlichen Vorzüge der großen Güter, und derer, von mittlerm Umfange, auch von den Domänen. Für sogenannte Generalpachtungen, die mehrere Vorwerke in verschiedenen Feldmarken umfassen, können örtliche Umstände sprechen, hauptsächlich wenn die Ertragszweige der Vorwerksländereien verschieden sind, und so in einander greifen, daß die Trennung zum Nachtheil des Ganzen gereichen würde. Wo aber solche Umstände nicht Statt haben, ist es für den Eigenthümer, wie für das Gemeinwesen, vortheilhafter, einzelne Vorwerke zu verpachten, die an Flächen-Inhalt und Güte mäßigen Privatgütern gleich kommen. — Ueber die zweckmäßige Dauer entscheiden Erfahrung und gewisse land- und staatswirthschaftliche Rücksichten. Kurze Zeitpacht wird jetzt wohl von Niemand mehr empfohlen. Gesetzt auch, ein Pächter wäre uneigennützig genug, um nicht die kurze Zeit zu seinem Vortheil, auf Kosten des Grundstücks, zu benutzen, so wird er wenigstens nur so viel darauf verwenden, als er in der Eile wieder heraus ziehn kann. Die gemessensten Bedingungen im Pachtvertrage werden das nicht zu verhindern vermögen. — Ganz anders ist die Behandlung des Guts bei der langen Zeitpacht. Wenn eine Pächterfamilie sich durch gute Führung der Wirthschaft das Vertrauen der Behörde erworben hat, und in Folge davon die Pacht für den Sohn, ja für den Enkel verlängert wird, so nähert sich ein solcher Pächter dem Verhältniß des Eigenthümers. Auf eigene Kosten unternimmt er gründliche Verbesserungen auf den Getreidefeldern und Wiesen, in den Gärten, in der Schaf- und Horn-Viehzucht, wovon der Nutzen bei Erneuerung der Pacht großentheils dem Eigenthümer zufließt, da ihn, wenn das Gut in Erbpacht ausgethan ist, ausschließlich der Erbpächter genießt. Die Zahl der Jahre richtet sich nach dem eingeführten, im Anschlage zu Grunde gelegten Fruchtwechsel und Wirthschaftssystem, wonach der Kreislauf zwei, drei und mehr Mal bewilligt, also z. B. bei einer siebenschlägigen Wirthschaft ein Pacht-Zeitraum von vierzehn Jahren, ein und zwanzig u. s. w. angesetzt wird. Bei dieser Verpachtungsweise kommen auch Veranschlagungen selten vor; wodurch die damit verbundenen beträchtlichen Kosten erspart werden, und der anstößige Aufwand von Zeit und Mühe wegfällt, den die zusammengesetzte Verwaltungsform und der träge Geschäftsgang mit sich bringt.

In Erwägung des Gewinns, den der Pächter von dem versicherten langen Besitz, und den niedrig gestellten Geldsätzen hoffen darf, kann und wird er sich gern zu gewissen Bedingungen verstehn, die für den Eigenthümer vortheilhaft sind. Mit Ausnahme der Grundsteuer, als der einzigen unveränderlichen Ausgabe, übernimmt er zuvörderst die veränderlichen, so weit sie eine gewisse festgesetzte Höhe nicht übersteigen. Namentlich sind dies die Feuerkassengelder und die Unterhaltungskosten der Gebäude. Bei großen, außerordentlichen Unglücksfällen, als Kriegsschäden, Ueberschwemmungen, Mißwachs, Hagelschlag, Viehsterben, wird dem Pächter ein angemessener Erlaß von der Pachtsumme gewährt; bei geringern aber leistet er darauf Verzicht. Damit jedoch, wenn die Kosten und Verluste die vertragsmäßige Höhe übersteigen, und dem Eigenthümer zur Last fallen, dies keinen nachtheiligen Einfluß auf die Domänenkassen-Verwaltung habe, bringt der Pächter die Entschädigungssumme und die Auslagen nicht in Abzug von dem Pachtgelde, sondern er hat dieses vollständig abzuführen; und es ist für solche Ersatzzahlungen ein besonderer Titel in der Domänen-Hauptrechnung angelegt. — Auf großen Domänengütern, die auf viele Jahre verpachtet werden, geschieht nicht selten, daß der Pächter nicht nur, dem Vertrage gemäß, die ihm übergebnen Heerden, Obstgärten, Geräthe in allen Theilen nachhaltig im Stande hält, um sie einst, wenn er abgehn sollte, nach Beschaffenheit und Zahl zurückzustellen, sondern daß er auch aus eigenen Mitteln bedeutende Summen verwendet, um verbesserte Ackergeräthe anzuschaffen, die Schäferei zu veredeln, den Werth des Rindviehstandes durch Vermehrung der Zahl der Häupter, und durch Zucht-Thiere von besserer Abkunft zu erhöhn. Dieses sogenannte Super-Inventarium ist sein unstreitiges Eigenthum, das er, wenn nach Ablaufe der Pacht-Zeit keine Verlängerung Statt findet, mit zu nehmen berechtigt wäre. Da aber hierdurch die Wirthschaft in einigen wesentlichen Theilen zurück kommen würde, so macht er sich verbindlich, dasselbe bei seinem Abgange nach einer Abschätzung dem Nachfolger käuflich zu überlassen, und diesem wird die Uebernahme zur Bedingung gemacht.

In so fern die Domänenpächter, die auf eine so lange Reihe von Jahren, und unter so wichtigen Verbindlichkeiten, angesetzt sind, den Eigenthümern zur Seite gestellt werden dürfen, kann die Foderung nicht auffallen, daß ihnen die Fähigkeit beigelegt werde, an der Wahl der ständischen Abgeordneten Theil zu nehmen, auch selbst gewählt zu werden, wie dieses Recht in der Mark Brandenburg, in Pommern, Schlesien, Sachsen, den Erbpächtern zugestanden ist: eine Foderung, die sich von Seiten sowohl des Grundstücks, als der Person, rechtfertigen läßt. Sind sie ausgeschlossen, so besteht ein Mißverhältniß in der standschaftlichen Befugniß der Grundstücke: die Domänen bleiben unbeachtet, während Rittergüter von geringerm Umfange und Werthe ihre Vertreter haben. Daß jene Fähigkeit durch den Besitz eines gewissen Vermögens, beweglichen oder unbeweglichen, bedingt werde, ist eine politische Nothwendigkeit; der Domänenpächter hat sich durch die gestellte Bürgschaft hierüber ausgewiesen. Betreffend das Haupt-Erfoderniß eines Mitglieds der ständischen Gesetzgebung, wer kann geeigneter seyn? Ausübende Besitzer eines größern Landwesens, nebst den Fabrik- und Handels-Herren leben in der Wirklichkeit;

die meisten in den Sitzungen verhandelten Gegenstände liegen in ihren Berufskreisen, oder gränzen daran, und sie betrachten sie nicht durch das trügerische Glas der Theorie. Wenn von den Eigenthümern der Privatgüter viele in Staats- und Kriegs-Diensten, oder aus andern Ursachen abwesend sind, und das Grundstück verwalten lassen, oder verpachtet haben, so wirthschaften die Domänenpächter ohne Ausnahme selbst; Männer, die sich in der Schule der Anschauung und Erfahrung gründliche Kenntnisse erworben haben. In England ist jetzt wenigstens zur Theilnahme an der Wahl der Parlamentsglieder jeder Zeitpächter (Laßhalter) berechtigt, dessen Vertrag mindestens auf zwanzig Jahre lautet, und der ein reines Einkommen von fünfzig Pfund nachweiset.

In den Schätzen des Bodens haben uns die Vor-Eltern ein eisernes Capital hinterlassen, das wir unvermindert und mit Zinsen den Nachkommen zu überliefern verpflichtet sind. Namentlich gilt dies von den Forsten. Bei der zunehmenden Bevölkerung und der Vermehrung der Bauten, ist es eine der dringendsten Pflichten der Regierung, durch Erhaltung derselben für hinreichende Vorräthe von Nutz- und Brenn-Holz zu sorgen und einem gefährlichen Steigen der Preise vorzubeugen. Zunächst und vorzüglich kann sie dies in Ansehung der zu den Domänen gehörenden Forsten. Hier hat sie die Benutzung nach forstwirthschaftlichen Grundsätzen in ihrer Gewalt. Auf Privatgrundstücken ist solche zwar mit den vereinzelten Holzungen und Büschen nicht ausführbar; große, zusammenhängende Waldungen aber wurden früher im Preußischen Staate von der zuständigen Behörde überwacht, ohne deren Genehmigung der Eigenthümer nicht befugt war, einen unverhältnißmäßigen Theil abholzen zu lassen 36). Neuerlich hat wohlgemeinter Eifer die Gesetzgebung so weit geführt, Jedem unbedingt frei zu stellen, mit seinen Forsten zu schalten, sie nach Gutbefinden zu zergliedern, und die Theile zu veräußern, oder in Acker- und Weide-Land umzuschaffen 37). In manchen Gegenden, als in Westpreußen, Hinterpommern, an der Mosel, mag es wegen der schwachen Bevölkerung rathsam seyn, Waldgründe urbar zu machen, wenn die Stelle nicht zu weit von einer gewerbetreibenden Stadt entfernt ist. Von allen Erzeugnissen der Natur ist Holz das einzige, das zu einer Reife, die den Verkauf vortheilhaft macht, so vieler Jahre bedarf, zu dessen nachhaltiger Gewinnung also ein so strenger, folgerechter Wirthschaftsplan erforderlich ist.

36) Allg. Landrecht Th. I. Tit. 8. §. 83.

37) Edict vom 14. Sept. 1811. §§. 4 u. 30: Gesetz-Sammlung N. 53. S. 303. 307.

II.

Besteurung der Landwirthschaft.

Durch Ausübung und unmittelbare Handhabung wird der Gewerbmann in seinem Geschäft gewitzigt: ebenso waren die Bürger von Vermögen und Bildung in den am meisten entwickelten Staaten des classischen Alterthums, vor allen die Attischen und Römischen, in Dingen des bürgerlichen Lebens durch stete und vielseitige Beschäftigung mit denselben, zu einer großen Gewandtheit und Einsicht gelangt. Nur in der Kunst der Besteurung sind sie dem Anscheine nach zurückgeblieben, namentlich und hauptsächlich in Beziehung auf das Grundvermögen. Wiewohl in diesem bei weitem der größte Theil des Volksvermögens besteht, haftete doch keine regelmäßige Steuer darauf; und wenn eine außerordentliche in dringenden Fällen verfügt wurde, diente der rohe Ertrag der Ländereien als Maßstab. Dies kann aber nur befremden, wenn man irriger Weise die heutigen, völlig verschiednen Zustände in die damalige Zeit überträgt. Das ländliche Grundstück jedes Staatsbürgers war zwar sein Privat-Eigenthum, zugleich aber in so fern eine Domäne, als er Theil nahm an der Landesherrlichkeit, mithin frei von stetigen Abgaben. In Kriegen zog, dieser Grundverfassung gemäß, in der frühern Zeit nur eine Gesellschaft von Landesherren zu Felde; sie führte ihre eigene Sache. Indem also kein stehendes Heer zu unterhalten war, fiel eine Ausgabe weg, die in den großen Staaten des heutigen Europa ziemlich die Hälfte des öffentlichen Einkommens erreichen mag. In den verhältnißmäßigen Beiträgen zur Bestreitung der Kriegsbedürfnisse bestand demnach die einzige Steuerverpflichtung der Grundstücke; und mit den Bedürfnissen hörte die Leistung wieder auf. Ferner wurden dadurch große Summen erspart, daß die Bürger in der angegebnen Eigenschaft die Geschäfte der Verwaltung und Rechtspflege unentgeldlich verrichteten; denn der sogenannte Richtersold in Athen war nur ein verderbliches Staats-Almosen für die Müßiggänger aus der Hefe des Volks. Die heutigen, zum Theil gerechten Klagen über die Unzahl von schreibenden Beamten würden jedoch in vielen Fällen verstummen, und es würden in den Deutschen Ländern nur die, über das Weitschweifige, Schleppende, nicht selten Undeutliche der öffentlichen Erlasse fortdauern, wenn in dem Triebwerke der Regierung eine große Veränderung hierin vorginge. Unsere Staaten sind von größerem Umfange, und die Regierungen erstrecken ihre Sorgfalt auf tausend Dinge, um die sich die, des Alterthums, nicht bekümmerten. Welche Beschwerden, wenn die Gesellschaft einen großen Theil der darauf bezüglichen Regierungshandlungen entbehren sollte! Die meisten davon können nur schriftlich vollzogen werden; für die mündliche, persönliche Ausführung durch örtliche Beamte eignen sich die wenigsten. — Eben weil im Alterthum die Regierungen von sehr vielen innern Angelegenheiten keine Kenntniß nahmen, fiel eine dritte Abtheilung von Ausgaben weg, die in unsern Staatsrechnungs-Anschlägen mit starken Summen aufgeführt stehn. Die vielfachen Anlagen zur Förderung, Erleichterung und Bequemlichkeit des bürgerlichen und gewerblichen Lebens, die schönen Anstalten für Erziehung und Bildung, für die gesammte Wohlfahrt des Volks, selbst die gründlichen Einrichtungen zum Behufe der öffentlichen Ordnung, und zur Sicherung der Personen und des Eigenthums, sie sind den Alten fast gänzlich fremd geblieben; in der Ausdehnung, wie jetzt, hat kein Perikles, in Rom, mit Ausnahme der Landstraßen, kein Censor, daran gedacht. Es kann daher nicht auffallen, daß auf dem Grundvermögen keine stehende Abgabe lastete.

Wenn nun, so oft eine außerordentliche für nöthig erachtet wurde, der rohe Ertrag als Maßstab gedient hat, so ist dies eben so wenig zu verwundern: er kann von dem reinen nicht sehr verschieden gewesen seyn. Zuvörderst keine Steuer in Friedenszeiten: das war schon eine große Erleichterung für den Landwirth. Dann fiel ein vorzüglicher Theil der heutigen Betriebskosten, der Arbeitslohn, weg; denn das Feld wurde durch Menschen bearbeitet, die mit den Zug- und Last-Thieren auf gleicher Linie standen, und bei denen mithin blos das Futter in Anschlag kam. Auch zu den gemeinen Handwerks-Arbeiten waren dieselben abgerichtet, um die Geräthschaften und Gebäude zu verfertigen und zu unterhalten. So war überhaupt die Unterlage beschaffen, auf der zuletzt die politische Größe jener Staaten beruhte.

In den beiden oben genannten sind in Ansehung der hier abgehandelten außerordentlichen Steuer zwei Zeiträume zu unterscheiden, wenn auch in Rom die Gränzlinie zwischen beiden nicht genau gezeichnet werden kann: anfänglich, ehe Betriebsamkeit und Gewerbthätigkeit durch äußere Anlässe angeregt war, ganz einfach, gleich einem Zehent, eine Abgabe von den Feldfrüchten; nachdem aber manche andere Quellen des Erwerbes flüssig geworden, und neben dem unbeweglichen Vermögen auch ein bedeutendes bewegliches entstanden war, verlangte die Gerechtigkeit, die Grundsteuer zu einer allgemeinen Vermögensteuer zu erweitern.

Die Solonische Verfassung sonderte die Attische Bürgerschaft nach Maßgabe des Vermögens in vier Klassen, zur Bestimmung sowohl der Theilnahme an den öffentlichen Geschäften, als der Verpflichtung zu öffentlichen Leistungen, also unter andern zu außerordentlichen Beisteuern. Zwar findet sich nirgend ausdrücklich bemerkt, daß solche nur in Kriegszeiten verfügt worden sind; wenn dies indessen noch in der spätern Zeit der Fall gewesen ist, wie viel mehr in der frühern! Im Allgemeinen wird blos die Bestreitung gemeinsamer Bedürfnisse als Bestimmung angegeben [1]). Deutlich genug aber ist in der Solonischen außerordentlichen Geldleistung eine Grundsteuer zu erkennen, denn sie wurde nach Verhältniß des Betrags der geerndteten Feldfrüchte angesetzt. Nur die drei obern Klassen jedoch hatten die Last zu tragen; die Bürger der vierten, die nur ein sehr kleines Grundstück, oder gar keins besaßen, waren von der Grundabgabe frei. Für jede von den dreien war von einem ausgeschriebenen Simplum ein für alle Mal eine Gesammt-Quote gesetzlich bestimmt, welche die Mitglieder der Klasse, da sie sich gegenseitig am besten abschätzen konnten, unter sich umlegen und aufbringen mußten: sechs Zehntheile leistete die erste, drei die zweite, einen die dritte [2]). Diese Steuerverfassung war nur dem ältesten Zustande des Landes angemessen. Durch die Perserkriege, und beson-

1) Pollux VIII. 130.

2) Der Verf. hat dies weiter ausgeführt in den „Griechischen „Denkwürdigkeiten S. 43 ff."

ders den Peloponnesischen erfuhr Attika Erschütterungen, die es bürgerlich, gewerblich und sittlich fast ganz umgestalteten. Was allein hier in Betracht kömmt, ist das angehäufte bewegliche Vermögen. Nicht nur von außen war durch Erpressungen von Verbündeten und Feinden, und durch sehr erweiterten Zwischenhandel viel Geld in Umlauf gekommen, sondern, wie der Großhandel gewöhnlich theils die ländliche Betriebsamkeit steigert, theils den Handwerker- und Künstler-Fleiß belebt, hatte sich auch aus innern Quellen ein mehr wünschenswerther Wohlstand verbreitet, durch höhere Nutzung der Ländereien und Heerden. Die alten Vermögens- und Schatzungs-Klassen konnten also nicht fortbestehn; auch die Geldreichen mußten angezogen werden. Die nun eingeführte Kriegssteuer, *εἰσφορά* [3]), hauptsächlich zur Besoldung der Kriegsmannschaft bestimmt[4]), erstreckte sich auf alle Vermögende, und wurde ebenfalls von gewissen Genossenschaften umgelegt und eingetrieben.

Auch in Rom hat der natürliche Entwickelungsgang der Gesellschaft auf diese Besteurungsformen geführt. Was die alten Volkssagen von einem Servius Tullius und seinen schlauen timokratischen Maß-

---

3) Thucyd. III. 19.
Demosth. advers. Polycl ed. Reisk. p. 1208. 24.

4) Ibid. p. 1209 9.
Pollux VI. 186.

regeln berichtet haben, kann, als geschroben, und als einzig im Alterthum da stehend, und wegen des vielen Entstellten und Mißverstandnen, nicht durchaus Glauben finden. Der Umstand jedoch, auf den es hier allein ankömmt, ist unzweifelhaft: es ward eine Abgabe eingeführt, welche, wie in Attika, die doppelte Eigenschaft einer Kriegs- und Grund-Steuer hatte. Von jener, deren schon in Beziehung auf die frühere Zeit Erwähnung geschieht 5), war die Einnahme in der Folge vorzüglich zur Unterhaltung der unter den Waffen stehenden Bürger im Felde, zu Befestigungsarbeiten, und andern einschlagenden Gegenständen bestimmt 6); daher die Einfoderung der Steuer mit der Aushebung der Kriegsmannschaft zusammengestellt wird 7). Hieraus folgte von selbst, daß beide Leistungen nur in Zeiten des Bedürfnisses Statt haben sollten 8), das aber mit den zunehmenden Kriegen immer häufiger eintrat. In unzertrennlicher Verbindung standen auch der Grad der Kostspieligkeit des Kriegsdienstes und die Steuersumme bei der Eintheilung der Bürgerschaft in sechs Vermö-

---

5) Dionys. Hal. IV. 11. — V. 20. — XI. 63: „τὰς εἰς τὸν „πόλεμον εἰσφοράς."

6) Liv. IV. 59 extr. 60. — V. 10. — VI. 32. — X. 46. — XXIII. 31.

7) Id. V. 10. VII. 27: „simul delectu simul tributo, conferendo. „— Tributo ac delectu supersessum."

8) Dionys. IV. 19: „ὁπότε δεήσειε."

gensklassen, von denen jedoch die letzte weder kriegspflichtig war, noch eine Grundsteuer zahlte. Ob in einer solchen, oder in einer Vermögensteuer die Abgabe bestanden habe, darüber kann eigentlich kein Streit obwalten; sie war beides, da in jener frühen Zeit ein irgend bedeutendes Vermögen nur in Ländereien bestand. Ausdrücklich lassen sich zwar die Geschichtschreiber des Römischen Alterthums nicht auf den Gegenstand der Besteurung ein; sie bemerken blos bei jeder einzelnen Klasse die Größe des Vermögens, auf der die Mitgliedschaft beruhte, und die Zahl der Unterabtheilungen, in welche sie in Beziehung sowohl auf die Waffengattung, als auf die Abstimmung in den Staatsversammlungen zerfiel. Einige Spuren führen aber darauf, daß es der Ertrag der Grundstücke gewesen sei, auf den sich die Abschätzung bezogen habe. Zuvörderst erhellt dieses, wenn Pecunia die rechtsalterthümliche Benennung der Grundstücke gewesen ist [9], aus der Angabe, daß seit der Einführung der Schatzung die öffentlichen Leistungen „pro habitu pecuniarum“ geschehn sind [10].

9) Cic. legg. II. 19. 21: „sacra cum pecunia. — Ratio, cur „pecunia sacrorum molestia liberaretur.“

Id. pro Sext. Rosc. Amer. c. 2: „bona duobus millibus „nummum se dicit emisse; — in alienam pecuniam in„vasit.“

10) Liv. I. 42 extr.

Hierzu kömmt ein für das Wesen der Steuer entscheidender Umstand. Es zeugt von einem löblichen Geiste der Altrömischen Bürgerschaft, daß sie gegenseitig das Vertrauen hegte, es werde jeder selbst die Kräfte seiner Wirthschaft der Wahrheit gemäß angeben; dennoch wurde nicht für uberflüssig gehalten, bei der Selbstschatzung Männer als Zeugen zuzuziehn, welche die Richtigkeit beurtheilen konnten, die Feldnachbarn, Tribulen. Aus dem anerkannten Vermögensbestande ergab sich die Klasse, der jeder angehörte, und hieraus wieder sein Steuersatz. — Als im Fortgange der Zeit sich mehr und mehr das bewegliche Vermögen anhäufte, am meisten durch die unersättliche Eroberungssucht, die allmählich den innern Zuständen so verderblich ward, wie den besiegten Völkern, mußten auch die Geldreichen angezogen, und deren bewegliche Güter abgeschätzt und besteuert werden; wonach sich die anfängliche bloße Grund-Vermögensteuer zur allgemeinen erweiterte. Das Verhältniß der Steuer zum Capital nach der zeitigen Abschätzung läßt sich nur aus einigen Angaben vermuthen, ist aber unstreitig gering gewesen. Die Ermittelung gelangt am füglichsten auf einem Umwege zum Ziele. Zu den Sonderbarkeiten, die sich mit den von dem Bewußtseyn des freien Bürgerthums eingegebnen Grundzügen der Römischen Verfassung nicht vereinigen lassen, gehört in der spätern Zeit die Willkühr, mit der die Vorsteher des Schatzungsgeschäfts eine Selbstschatzung viel höher ansetzen, und die Steuer nach Verhältniß dieser eigenmächtig verfügten Summe bestimmen durften. Indem einst nach diesem Verfahren das Besitzthum gewisser Bürger, um sie zur Einschränkung ihres Aufwandes zu zwingen, zum zehnfachen Werthe angesetzt wurde, kam ihre Steuer so hoch zu stehn, daß sie Drei vom Tausend betrug [11]): eine unerhörte Quote, über die sich die bittersten Beschwerden erhoben. Das Doppelte der Steuer, das nicht selten nöthig gefunden wurde [12]), kann also höchstens Zwei vom Tausend betragen haben. Hieraus läßt sich mit ziemlicher Sicherheit schließen, daß Eins vom Tausend, dessen in einem andern Zusammenhange Erwähnung geschieht [13]), auch in Rom das Einfache gewesen sei.

Die gänzliche Verschiedenheit des gesellschaftlichen Gebäudes im Alterthum von dem, der Germanischen Reiche des Mittelalters beruht auf der entgegengesetzten Form der Grundlage: dort bestand diese in der Gemeinheitlichkeit, hier in der Oberherrlichkeit. In so fern in Deutschland die meisten Gutsherren nicht Eigenthümer ihrer Grundstücke waren, sondern dieselben im erblichen Pacht-

---

11) Id. XXXIX. 44.
Plutarch. Cato maior 18.

12) Liv. XXIII. 31.

13) Id. XXIX. 15: „in millia aeris asses singulos.“

besitze nach Lehnrechte inne hatten, mochten es gegebne oder aufgetragene Lehne seyn, waren sie freilich dem weltlichen oder geistlichen Landesfürsten, als ihrem Lehnherrn, für den Genuß zu einer Leistung verpflichtet. Diese bestand aber weder in einer Geld-Abgabe, noch in Früchten und andern Erzeugnissen der Wirthschaft, sondern, gemäß jener dem Zeitalter eigenthümlichen Grundverfassung, in bestimmten, auf eigene Kosten geleisteten Roßdiensten. Bald aber geschah ein schwacher Anfang der Erweiterung dieses lehnherrlichen Verhältnisses zum landesherrlichen. Ein fürstlicher Haushalt ohne Geldverlegenheit und Schulden wäre schon damals die größte Seltenheit gewesen. Unsinnige Verschwendung der Grafen, Hoffahrt und Weltsinn der Bischöfe zerrütteten den wirthschaftlichen Zustand. Der Landrentmeister sollte Rath schaffen, wohin aber greifen? So viel sah er ein, daß Gewerbe und Verkehr nicht übermäßig belastet werden durften, denn mit der Gewandtheit der Männer vom Fach konnte er es nicht aufnehmen. Liegenschaften, insonderheit die einträglichen Kriegslehngüter, wären der zuverläßigste Besteurungsgegenstand gewesen, wenn das angegebne Verhältniß nicht abgehalten hätte. Es ward jedoch ein Weg aufgefunden, um ihnen beizukommen. Was nämlich die Fürsten nicht rechtlich fodern konnten, das versuchten sie durch B i t t e n zu erreichen: so hieß gewöhnlich die neue, doch immer nur außerordentliche, und auf bestimmte Zeit bewilligte Steuer 14). Dabei hatte es aber keineswegs sein Bewenden. Die Bitten kehrten so oft wieder, und fanden in dem Verfall des Lehndienstes, und der Nothwendigkeit, in Kriegen Söldner anzuwerben, eine so triftige Entschuldigung, daß die Sache in mehrern Reichslanden auf einen festen Fuß gestellt, und, wie in der Mark Brandenburg auf den Grund eines Uebereinkommens der Markgrafen mit den Lehnmannen 15), die außerordentlichen Bitten in eine stehende, jährliche Abgabe verwandelt wurden. Wie hier 16), wird wohl überall bei der Bestimmung der einzelnen Geldbeiträge zur Gewährung der lästigen Bitten, der Körnergewinn abgeschätzt worden seyn.

---

14) Urk. Friedrichs II. vom J. 1236: de Ludwig reliqq. Mss. T. IV. p. 256: „petitiones, quas steuras vocant.“

Urk. Martins IV. vom J. 1282: Guden. cod. dipl. II. p. 222: „stura sive precaria.“

Urk. Ludwigs IV. vom J. 1315: Senckenberg. Selecta iuris et hist. T. I p. 188: „sturis seu petitionibus.“

15) Urk. der Markgrafen Johann, Otto und Konrad v. J. 1281: Gercken diplomataria veteris marchiae Brandenburgensis, T. I. p. 19: „census subsequens instabat nomine preca„rie perhenniter dandus. — Huiusmodi census erit sem„piternus.“

16) Ibid. p. 16, conf. 19: „petitionem sive precariam exacto„riam — de manso, qui chorum duri frumenti solvebat, „de duobus choris avene, equipollentibus choro duri fru„menti,“ cet.

Gleichwohl kamen die Fürsten wiederholt in Verlegenheit, nicht nur, weil sie nicht besser haushalten lernten, sondern auch weil die fortrückende Zeit manche bedeutende neue Ausgabe nothwendig machte. Den Lehnsassen unmittelbar noch weiter etwas anzusinnen, trugen sie Bedenken. Da faßten sie deren Untersassen ins Auge, sowohl die persönlich freien Bauern, als die Leibeigenen, als wären diese noch nicht gedrückt genug gewesen; und die nichtfürstlichen Standesherren waren ihre gelehrigen Schüler. In den Untersassen, und den ihnen eingeräumten Grundstücken bestand aber eine nutzbare Zugehörung des Lehnguts, weshalb der Landesherr nicht unmittelbar über sie zu verfügen hatte; mehr Grund- als Landes-Unterthanen, konnten sie also nicht ohne Weiteres besteuert, und neben ihrer grundherrlichen Abgabe, dem Zins 17), mit einer landesherrlichen beschwert werden. Was sollten die Grundherren thun, wenn sich der Lehn- und Landes-Herr deshalb mit Bitten an sie wandte? Sie konnten nicht umhin, die Genehmigung zu einer Leistung zu ertheilen, auf die der bewußte Name überging: für den Bauernstand drückend, aber der erste Schritt zu seiner

17) Urk. Philipps von Hohenfels v. J. 1274: Guden. cod. dipl. T. II. p. 193: „censum in iisdem bonis reservantes.“

Desselben Urk. v. J. 1276: ibid p 197: „cum censibus, „precariis.“

Einführung in die Staatsbürgerschaft. Die Ansprüche an ihn wurden aber weit getrieben; von den weltlichen Fürsten und ihren Beamten, selbst den königlichen [18], ward am meisten schonungslos den Gutsunterthanen der Geistlichen zugesetzt. Anfänglich ging es, bei allem Lästigen, doch mit Ordnung her: die Abgabe war eine festgesetzte, jährliche [19]; der Bauer wußte, was er zu geben hatte, und konnte für seine Wirthschaft einen Ueberschlag machen. Aber ohne eigene Macht, und ohne höhern Schutz, ward er bald der Gesetzlosigkeit des Zeitalters Preis gegeben, und häufigen Erpressungen ausgesetzt. Zu den gewöhnlichen Grundsteuern kamen nur zu oft außerordentliche Foderungen, Noth-Bitten [20]. So abgehärtet waren die Steuerherren und ihre Beamten, daß sie die Selbstverspottung nicht fühlten, wenn sie die schweren Bedrückungen

---

18) Urk. Friedrichs II. v. J. 1216: Meibom. scriptt. rer. Germ. T. II. p. 377 extr.: „(in homines oppidorum seu villarum „ecclesiae) *regales* talliae, petitiones aut exactiones, cet."

19) Urk. des Rheinpfalzgrafen Konrad v. J. 1190: Freher. origg. Palat. ed. II. P. I. p. 91: „contributio *annuae* precariae, „universitati villarum nostrarum ab antiquo impositae."

Urk. Philipps von Hohenfels v. J. 1274, a. a. O.: „precariae consuetae, quae *Iarbede* dicuntur."

20) Ebendaselbst: „precariae inconsuetae, quae *Notbede* dicuntur."

Zwang-Bitten [21]), Gewalt-Bitten [22]) nannten.

Hätte die neuere Zeit für Deutschland auch weiter keine Früchte gebracht, als die Auflösung der grundherrlichen Staaten im Staate, und die Erhebung des Landvolks zur Staatsbürgerwürde, so wäre schon dadurch ein neues Stufenjahr aufgegangen; und der erlauchte König, der das erste Beispiel gegeben, würde schon deshalb, auch ohne die übrigen großen Schöpfungen, im Vorgrunde der Sittengeschichte stehn; wenn gleich, was im Laufe der Jahrhunderte so tiefe Wurzel geschlagen hatte, nur allmählich ausgerottet werden konnte. Als wohlerworbene Zugehörung der Güter galten freilich unter andern die Frohndienste. Aber ein altes Deutsches Sprüchwort sagt: „hundert Jahre Unrecht ist nicht „eine Stunde Recht [23]).“ Abgesehn hiervon, so wie von der Last der landesherrlichen Steuer neben den grundherrlichen Diensten und Leistungen, hatte das

21) Urk. Karls, Grafen von Flandern, vom J. 1140: d'Achery spicileg. II. 803: „*coactiva* petitio.“

22) Urk. Diethers, Erzbischofs von Mainz, und Philipps, Grafen von Rieneck, v. J. 1479: Guden. cod. dipl. T. V. p. 459: „Gewaltbete.“

23) Eisenhart Grundsätze der Deutschen Rechte in Sprüchwörtern S. 21.

Frohndienstwesen die nachtheiligsten Folgen für die ländliche Betriebsamkeit. Der Bauer mußte darüber seine eigene Wirthschaft versäumen, und der Gutsherr erreichte im Verhältniß zu den angewandten Mitteln ein geringes Ziel. Welcher Mißbrauch der Kräfte, welche verderbliche Zeitverschwendung! Statt vieler Beispiele nur eins. Es hat im Preußischen Staate ein Vorwerk gegeben, wo 16 bis 17 Bauern 10,800 Arbeitstage leisten mußten, jeder also 635 (an vielen Tagen nämlich, und zu gewissen Arbeiten, zwei bis drei Personen von einem Hofe), und wo mit solchem Aufwand von Zeit und Kräften nur 1250 Scheffel Roggen, oder der Werth von so viel Scheffeln, gewonnen wurden, daß also auf die Hervorbringung jedes Scheffels fast 9 Arbeitstage verwandt wurden [24]). Wenn die neueste Zeit diesen Gebrechen der Gesellschaft abgeholfen hat, und dies ein Hebel für die ländliche Betriebsamkeit geworden ist, so kann sich die städtische dieses Verdienst nicht beimessen, wiewohl sie sonst mehrfach auf jene hinauswirkt; in Deutschland haben Maßregeln der Regierung die Fesseln gelöset. Auch den Gutsherren ist die Befreiung von einer wiewohl viel weniger

---

24) Ein Ungenannter, in der Schrift: Verlieren oder gewinnen die Gutsbesitzer des Preußischen Staats durch die Edicte vom 14. Sept. 1811 (Gesetzsammlung von diesem J. N. 52 und 53). Berlin bei Braunes 1812, S. 87

drückenden Bürde, und damit eine größere Anhänglichkeit an das Grundstück, die freie Verfügung, und eine freudige Ermunterung zu wirthschaftlichen Verbesserungen dadurch geworden, daß ihnen, unter Entbindung von der landesfürstlichen Lehnverpflichtung, das Eigenthum zugesichert ist. Wie in England zuerst, und schon seit mehr als dreihundert Jahren, die Leibeigenschaft aufgehört hat, so ist hier auch unter Karln dem Zweiten der Anfang geschehn, ein Verhältniß abzuschaffen, das seit der Erfindung des Schießpulvers und der Einführung der stehenden Heere keinen Sinn mehr hatte. Der um das Landwesen in allen Zweigen sehr verdiente Friedrich Wilhelm der Erste von Preußen hat das Veraltete und Schädliche der Lehnverfassung erkannt, und ist zuerst nachgefolgt[25]). In Frankreich hat sie der allgemeine Sturm zerstört.

So sind in einem großen Theile von Europa die Eigenthümer der kleinsten wie der größten Grundstücke aller unfreiwilligen und erblichen grundherrschaftlichen Abhängigkeit enthoben. Hier gehn nun einige Schriftsteller noch einen starken Schritt weiter, und verlangen die Befreiung des Landwirths auch von der an den Staat geleisteten Grundsteuer: was eben so einseitig ist, als wenn im Gegentheil die zum Glücke nun verschollene Physiokratie ihm aus-

---

25) Edict vom 5. Januar 1717, in Mylii corp. constitut. Marchicar. Vol. I., andern Theils fünfte Abtheilung, S. 81 ff.

schließlich eine Steuer aufbürdete. In Vergleichung mit den übrigen Steuerpflichtigen wäre die Befreiung davon, oder selbst eine verhältnißmäßig zu niedrige, eben so ungerecht gegen diese, wie eine zu hohe gegen den Landwirth. Ohne weder mit den Physiokraten gemeinschaftliche Sache zu machen, noch den Kunstfleiß und städtischen Verkehr zu überschätzen, und so hoch anzuschlagen, daß er die einzige Quelle des öffentlichen Einkommens seyn könne, darf man unter Zusammenstellung zweier berühmten Staatsmänner von Frankreich, Sully's, des Fürsprechers der Landwirthe [26]), und Neckers, des Vertreters der Städtebewohner [27]), dem unbefangenen Leser folgende vergleichende Würdigung des ländlichen und städtischen Fleißes vorlegen. Unverkennbar ist der letztere zu allen Zeiten eine mächtige Federkraft, welche den erstern anregt, unterhält und steigert. Ohne die Wirkungen Milets wären die Jonischen Schäfereien nicht so emporgekommen; der Feldbau der Lombardei verdankte im Mittelalter seine Blüthe der Betriebsamkeit Mailands und anderer Städte der Gegend; zur Vermehrung und Veredlung der Viehzucht in Belgien

26) Mémoires, livre XVI, à Genéve, T. V. p. 68: „les peuples de la campagne sont en toute manière les vrais soûtiens de l'état.“

27) Oeuvres, Paris 1820, T. I. p. 333: „après avoir établi les lois de propriété, on n'a presque rien fait encore pour la classe la plus nombreuse des citoyens.“

haben die Tuchweber von Löwen und vielen dortigen Städten ermuntert. Dieser anerkannten, großen Wichtigkeit ungeachtet ist dennoch der städtische Haushalt weder eine unversiegbare, noch überhaupt die Quelle des gediegenen, unbedingten Volksreichthums, sondern dieser Rang gebührt ohne Widerrede allein der Landwirthschaft in ihrem ganzen Umfange. „Lasset Andere für uns den Pflug führen, und Rinder und „Schafe weiden, wir wollen für sie weben und hämmern und Dampfkessel heizen:" das ist eine Losung, die oft genug durch niederschlagende Erfahrungen, durch Kriegsfälle, veränderte Handelswege, Mangel an rohen Stoffen, Auftreten glücklicher Nebenbuhler, als trügerisch erwiesen worden. Eine andere dagegen, im Geiste der Staatskunst des Alterthums, scheint nicht gewagt: „die das Land besitzen, und „nicht nur die unentbehrlichen Nahrungsmittel für „seine Bewohner hervorbringen, sondern auch die „meiste streitbare Mannschaft zum innern Schutze „und zur äußern Vertheidigung stellen, denen soll „freilich der größere Antheil an den Berathungen „über das Wohl des Landes zustehn, dafür aber zu„gleich die Pflicht obliegen, in mäßigen Verhältnissen „zu den Geldbedürfnissen des Staats beizusteuern."

Auf die letzte Behauptung ist es hier abgesehn. Daß eine Grundsteuer, wie jede unmittelbare Auflage, den Landwirth drücke, den Werth seines Grundstücks vermindere, die Capitalisten von Darlehnen abhalte, und demnach der ländlichen Betriebsamkeit schade: diese Besorgniß erscheint als zu ängstlich, sobald die Grundsteuer mäßig ist. Denn des Absatzes seiner Erzeugnisse ist Niemand so sicher, wie der Landmann. Wenn eine gute Hypotheken-Ordnung besteht, die Ländereien, auf welche Capitalien gesucht werden, sich in gutem wirthschaftlichen Zustande befinden, und es an Gelegenheiten zum vortheilhaften Absatze der Erzeugnisse nicht fehlt, so werden die Capitalien lieber dem Landbau zugewandt, als den Zufällen des leidigen Actienverkehrs anvertrauet werden. Richtig ist vollends der für die Steuerfreiheit angeführte Grund, daß die Landbesitzer auf den Wegen der mittelbaren Besteurung erreicht, und hauptsächlich vermittelst des Verbrauchs von Gegenständen des Aufwandes stark genug angezogen würden, doch ohne Bedrückung, und ohne nachtheiligen Einfluß auf ihre Betriebsamkeit. Viele von den reichbegüterten Englischen Lordschaften, welchen Gebrauch machen sie von den überschwenglichen Geldsendungen ihrer Pächter? Die Müßiggänger verschwenden sie in Brüssel und Paris, in Rom und Neapel. Das meiste Wohlleben herrscht überall in den Städten; was der Landmann auf den erwähnten Umwegen steuert, beschränkt sich größtentheils auf den Ankauf von Hervorbringungen inländischer Werkstätten. — Jener bekannten, schon vor den Physiokraten aufgestellten Meinung, daß alle Auflagen zuletzt auf den Landwirth fallen, haben früh schon kundige Männer widersprochen 28).

Wenn demnach eine mäßige Grundsteuer nur als gerecht, und für die ländliche Betriebsamkeit nicht als schädlich erscheint, so kömmt es zuvörderst auf den Maßstab an, nach welchem die Steuersätze festgestellt werden sollen. Der Vorschlag, den Kaufpreis dafür anzunehmen, kann nicht zum Ziele führen. Wie viele Güter sind von frühen Vor-Eltern auf die zeitigen Besitzer gekommen! Von allen fürstlichen Familiengütern ist ebenfalls kein Kaufpreis bekannt. Alte Kauf-Verträge, wo solche vorgefunden werden, sind zu dem Zwecke nicht tauglich: der darin ausgesprochene Werth ist dem zeitigen nicht mehr angemessen, die Steuer würde zu niedrig angesetzt werden. Es kann auch der Fall seyn, daß Güter über oder unter ihrem Werthe verkauft worden sind: jenes, wenn sie von Reichen gesucht worden, wegen der Nähe eines ihnen gehörenden Erbguts, oder auch einer großen Stadt; dieses, bei nothgedrungenen, übereilten Verkäufen, wohl auch bei der Veräußerung von Domänen.

Eben so mangelhaft ist das Verfahren, die Pachtsumme als den reinen Ertrag anzunehmen. Abgesehn davon, daß von den Bauergütern fast gar

---

28) Hume, Politische Versuche, Abhandlung über die Auflagen, gegen das Ende.

keine, von den größern der geringere Theil in Pacht stehn, würde hierdurch eine Ungleichheit in die Steuersätze kommen: die Eigenthümer, welche selbst wirthschaften, wären gegen die Verpächter im Nachtheil. Denn die Pachtsumme enthält ja nicht den ganzen reinen Ertrag. Wie würden sich Pächter finden, wenn sie nicht die Aussicht hätten, durch Betriebsamkeit einen Antheil daran zu gewinnen? Daß nur aber keine Regierung auf den Gedanken komme, auch diese letztern, bei längern Pachtungen, mit einer Steuer zu belegen! Entweder würde dann das Land übermäßig angestrengt, oder die Pacht-Unternehmungen hörten auf. — Hierzu kömmt, daß auch von einer andern Seite in der Pachtsumme nicht der volle reine Ertrag ausgedrückt ist: es gehn davon ab die von dem Eigenthümer bestrittenen Kosten der Unterhaltung des Inventarium und der Gebäude, desgleichen die Zinsen des darin steckenden Capitals.

Am trüglichsten ist es, bei der Beurtheilung des reinen Ertrags die Aussaat zum Grunde zu legen. Obgleich auf vielen Aeckern die Beschaffenheit des Bodens häufig wechselt, kann hierauf bei dem Säen doch nicht Rücksicht genommen werden. Frühe oder späte Saat, eine große oder kleine Hand, lange oder kurze Schritte des Sämanns, machen auch einen beträchtlichen Unterschied. So kann die Aussaat zu dem Zwecke nur als eins von den Mitteln dienen.

Bei dem rohen Ertrage als Maßstabe sind

Ungleichheiten unvermeidlich: zur Hervorbringung desselben Maßes von Früchten ist bekanntlich auf einem Gute von schlechtem Boden ein größerer Aufwand von Zuthaten, Auslagen und Kräften erfoderlich, als auf einem von gutem, bei gleichem Flächenraume. Wird dabei nicht übersehn, daß diese sämmtlichen Bestellungs- und Wirthschafts-Kosten in Abzug kommen müssen, um nicht mit besteuert zu werden, so kömmt man auf die Nothwendigkeit der Ausmittelung des reinen Ertrags.

Die Grundsätze der Veranschlagung, um diesen letztern auszumitteln, gehören nicht in den hiesigen, sondern in den Zusammenhang der Landwirthschaftslehre. Die Unzuverläßigkeit der Ergebnisse ist bekannt. Selbst wenn sich der landesherrliche Beamte keiner Nachläßigkeit oder Begünstigung schuldig macht, sondern gewissenhaft verfährt, fehlt es ihm doch an örtlicher Erfahrung. Schwerlich treffen die Abschätzer der Güte des Bodens den richtigen Mittelsatz der Ertragbarkeit; auf die Verschiedenheit des Grades der Düngung und Bestellung, der von wechselnden Umständen abhängt, kömmt Vieles an. Ein Korn mehr oder weniger als Ertrag von einem Morgen angenommen, macht im Ganzen einen großen Unterschied. Nur der Eigenthümer, der längere Zeit das Gut bewirthschaftet hat, gelangt zu einer genauen Kenntniß seiner mittlern Erndten. Ihm ansinnen, seine sämmtlichen Wirthschaftsrechnungen aus einer

Reihe von Jahren mitzutheilen, hieße fast eben so viel, als den Großhändler zwingen, seine Bücher vorzulegen. Und wie wenige Landwirthe führen solche Rechnungsbücher! Bei aller Mangelhaftigkeit bleibt jedoch, in Vergleichung mit den übrigen, diese Ermittelungsweise die beste. Wo das Land noch nicht vermessen ist, müssen die Getreidefelder wenigstens abgeschritten werden.

In der Körnersumme, welche übrig bleibt nach Abzuge desjenigen Theils der Erndte, der die Kosten der Hervorbringung ersetzt, besteht der reine Natural-Ertrag, auf den es zunächst ankömmt. Eine Quote von diesem, nach den vier Getreide-Gattungen, z. B. der fünfte Theil, wird als Natural-Steuersatz bestimmt. Nun kann es zwar in manchen Gegenden noch geschehn, daß betriebsame, mit den Verbesserungen der Landwirthschaft fortschreitende Grundeigenthümer die Ergiebigkeit ihres Bodens erhöhn, und mehr erzielen, als zur Zeit der Abschätzung gewonnen wurde. Billiger Weise aber darf deshalb der Natural-Steuersatz nie erhöht, noch weniger bei der ersten Einrichtung ein möglicher Mehr-Ertrag schon vorausgesetzt werden. Denn es ist zu erwägen, daß auch die Wirthschaftskosten, namentlich der Arbeitslohn steigen können und werden, vor Allem aber, daß Mißjahre nicht ausbleiben, Steuer-Erlasse aber nur in den äußersten Nothfällen Statt haben können. Aus denselben Gründen soll auch steuerfrei ausgehn, was von der Nutzung des Horn- und Feder-Viehes, so wie von der Jagd, der Fischerei, dem Gartenbau, nach Abzuge des Verbrauchs in der Wirthschaft, übrig bleibt.

Ganz kleine Bauerwirthschaften können keine Grundsteuer leisten, sie gewähren keinen reinen Ertrag. Die Scholle des armen Landmanns ist gleich einem Weberstuhle, einer Mahlmühle, und andern Maschinen: bloße Bedingung des Erwerbes eines Arbeitslohns. Es ist genug, wenn aus seiner Hütte ein Wehrmann hervorgeht. Bei den steuerfähigen Bauergütern wird hier vorausgesetzt, daß alle Verhältnisse der Abhängigkeit von einer Grundherrschaft, alle Beschränkungen der freien Benutzung des Grundstücks, gänzlich aufgehört haben: Frohnen, Abgaben in Früchten und Vieh, Ackergemeinheiten, Hütungsdienstbarkeit, Mahlzwang.

Den Natural-Steuersatz betreffend, um auf die Hauptsache zu kommen, ist es wesentliche Bedingung, daß er selbst und unmittelbar als solcher, nicht aber zurückgeführt auf den zeitigen Marktpreis, in das Steuer-Verzeichniß eingetragen werde. Ein solcher in Körnern bestimmter Steuersatz sei für alle Zeiten unveränderlich; weder dem Staate, noch dem Steuerpflichtigen wird dies, wie dargethan werden soll, zum Nachtheil gereichen. Ist dagegen ein Steuersatz zwar unbeweglich, aber in Gelde angeordnet, so wird, wenn auch in kleinen Zeiträumen

Schwankungen zwischen dem Vortheil und Nachtheil bald des Staats, bald des Steuerpflichtigen, eintreten, im Großen und Allgemeinen doch jener darunter leiden, da bei dem Zunehmen der Bevölkerung und des Geldumlaufs die Getreidepreise steigen, der Geldwerth aber fällt. Ein sprechendes Beispiel hiervon ist England. Das Parlament bewilligte im Jahre 1696 eine Abgabe von allem ländlichen Grundvermögen, eine sogenannte Landtaxe, auf den Grund eines angenommenen reinen Ertrags, fünfzehn vom Hundert (drei Schillinge vom Pfunde Sterlinge)[29]. Die Bewilligung geschah nur für das genannte Jahr; sie wurde aber herkömmlich alle Jahre erneuert, und endlich im Jahre 1798 für immer beschlossen. Daher ist der angegebne, unveränderlich gebliebene Geldsatz, schon bei der Festsetzung zu niedrig, in Vergleichung mit den heutigen Getreidepreisen, ein Spottgeld.

Es bedarf wohl kaum der Erwähnung, daß mit der aufgestellten Foderung eines Steuersatzes in Natur nicht gemeint seyn kann, diese Quote des reinen Ertrags solle wirklich in Getreide abgeführt werden. Die Nothwendigkeit leuchtet ein, den Werth in Gelde zu entrichten; in dieser Beziehung ist freilich die Steuer veränderlich, doch nur in größern Zeiträumen. Damit nämlich die in Gelde geleistete

---

29) 8 and 9 William III., chapt. VI. §. 10: The Statutes of the Realm Vol. VII. p. 169.

Steuerpflicht mit den Getreidepreisen Schritt halte, und in den Schwankungen derselben einige Stetigkeit bewirkt werde, sind gewisse Steuerzeiträume, aber nothwendig längere, etwa von 20 bis 25 Jahren, festgesetzt. In jeder Marktstadt einer Landschaft wird auf dem Rathhause ein Verzeichniß der Getreidepreise geführt, wie sie sich wöchentlich gestellt haben, aus diesen jährlich der mittlere oder Durchschnitts-Preis gezogen, und aus der Zusammenstellung sämmtlicher Durchschnittspreise aller Marktstädte der jährliche mittlere Getreidepreis der Landschaft öffentlich bekannt gemacht. Aus diesen jährlichen Mittelpreisen des ganzen Zeitraums läßt dann am Schlusse desselben die Regierung, doch ohne Aufnahme der beiden höchsten und der beiden niedrigsten, den so gebliebenen mittlern und niedrigsten als Steuersätze für die Naturalquote des nächsten Zeitraums aufstellen, aber nothwendig für jede Landschaft besonders: jenen für die Eigenthümer größerer Güter, diesen für die Bauerhöfe. Denn die beschränkte Wirthschaft der letztern gewährt immer nur einen mäßigen Ertrag; wogegen in einem größern Landwesen durch mehrere in einander greifende Zweige ein viel höheres Einkommen gewonnen wird.

Der hier aufgestellte Besteurungsgrundsatz erstreckt sich nur auf den Getreidebau, weil dieser in der Regel den Haupt-Zweig ausmacht. Es würde für die Behörde der unmittelbaren Steuern vortheilhaft seyn, wenn die Besteurung der übrigen, als steuerpflichtig anerkannten, Erwerbzweige einer großen Wirthschaft auf ähnliche Weise eingerichtet werden könnte. Aber die Schwierigkeiten sind nicht gering, denen hierbei die Veranschlagung unterliegt. Zuvörderst von den Forsten. Von den landesfürstlichen, die sämmtlich nach einerlei Grundsätzen folgerecht bewirthschaftet werden, ist es möglich, einen mittlern jährlichen Rein-Ertrag anzusetzen, und aus einer Reihe von Jahren den mittlern Holzpreis jeder einzelnen Gattung zu bestimmen. Die Privatforsten aber werden nach verschiednen, manche nach gar keinen, andere nach wechselnden Grundsätzen bewirthschaftet, wenn sie an andere Besitzer übergehn. Ob Forstwerkstätte, als Kohlenbrennereien, Sägemühlen unterhalten werden; ob Holzhändler in den Wald zu reisen, und auf dem Stamme zu kaufen pflegen; ob sich schiffbare Flüsse und Kanäle in der Nähe befinden; ob anhaltende Schlittenbahn in der Gegend oft vorkomme: das sind bedeutende Verschiedenheiten, in Rücksicht auf welche die Forstnutzung nicht überall mit derselben, immer aber nur mit einer mäßigen Steuer belegt werden kann. — Bei den Weinländereien kommen viele örtliche Eigenthümlichkeiten wesentlich in Betracht. — Von der größten Wichtigkeit nächst dem Getreidebau ist die Schafzucht; ja auf manchen großen Gütern in Landschaften, deren Naturbeschaffenheit den Bedingungen veredelter Schäfereien entspricht, dürfte sie ihm fast den Rang ablaufen. In kleinen Zeiträumen sind auch die Wollpreise, nach der verschiednen Güte des Stoffs, nicht eben einem jähen Wechsel ausgesetzt. Für größere aber auferlegt, wird eine Abgabe von Hundert Stück Schafen im Gemenge doch nur mäßig seyn dürfen, in Erwägung der Unsicherheit eines so unmittelbar in den Kunstfleiß eingreifenden Zweigs der Landwirthschaft. — Es muß ferner auch der Fall vorgesehn werden, daß in Landschaften mit volkreichen Fabrikstädten und Handelsplätzen Gutsbesitzer ihre Ländereien höher nutzen zu können hoffen, wenn sie nur so viel Getreide bauen, als zum eigenen Bedarf nöthig ist, den größten Theil aber in Futterland umwandeln, und lange Stallgebäude auffuhren, um Schlacht-Ochsen darin zu mästen. — Brauereien endlich, und Brennereien werden auf den Fuß der in den Städten befindlichen abgeschätzt und besteuert.

Nach dieser Abschweiffung über die Neben-Zweige eines großen ländlichen Haushalts, kömmt die Ausführung zurück auf den Haupt-Zweig, den Getreidebau. Eine neue Abschätzung wäre wohl in Gegenden an der Zeit, wo eine vor sehr langer Zeit Statt gehabte noch fort besteht, wo aber in den letzten Jahrzehenten durch große Verbesserungen des Ackerbaues der Natural-Ertrag auf eine Höhe gebracht worden, die schwerlich noch bedeutend überstiegen werden kann. Wenn nun fortan, bei unveränderlich bleibender Quote des reinen Natural-Ertrags, nach Ablauf des Zeitraums ein höherer Geldsatz in die Steuer-Rolle eingetragen wird, so entsteht dadurch für die Steuerpflichtigen kein Verlust. Sie steigern ja auch in gleichem Verhältniß den Preis ihrer Früchte. Und sollten im Gegentheil die Preise gefallen seyn, so wird auch die Geldsteuer angemessen herabgesetzt. Kauflustige, die gegen das Ende des Zeitraums ein Grundstück erwerben wollen, sind in den Stand gesetzt, mit Rücksicht auf die Steuer ihr Angebot zu stellen. Daß Theilungen der Güter in dem Steuerverzeichniß eben so, wie im Grund- oder Lager-Buche, angemerkt werden müssen, versteht sich von selbst. Unsicher bleibt es freilich immer, aus Preisen der letzten Vergangenheit die, der nächsten Zukunft, zu entnehmen. Verhält es sich doch eigentlich mit der ganzen mittelbaren Besteurung nicht anders. Für die Steuerbehörde ist es der beste Grundsatz: „lieber Unrecht „leiden, als Unrecht thun, wenn Eins von Beidem „unvermeidlich ist."

In Hinsicht auf strenge Gerechtigkeit in Steuersachen ist noch zur Sprache zu bringen, ob der hypothekarische Gläubiger einen angemessenen Theil der Grundsteuer zu tragen habe? Nichts kann dem Anscheine nach billiger seyn. Angenommen, der Capitalwerth eines Guts betrage 18000 Thaler; der reine Geld-Ertrag, zu 4 %, belaufe sich zur Zeit auf 720 Thlr.; die Grundsteuer bestehe in dem fünften Theile desselben (20 %) also 144 Thalern. Nun hafte aber darauf eine Schuld von 6000 Thalern, verzinset mit 4 %. Da hiernach von dem reinen Geld-Ertrage der dritte Theil, 240 Thaler, nicht dem Eigenthümer zu gute kömmt, sondern dem Gläubiger zufließt, so scheint es unbedenklich, daß der letztere verpflichtet werde, den dritten Theil der Steuer, 48 Thaler, zu übernehmen. Wie sehr aber auch der Gedanke ansprechen mag, die Ausführung würde für den Schuldner und den Gläubiger Nachtheile zur Folge haben. Der Beitrag der hypothekarischen Gläubiger wäre eine Zinsensteuer; da ist nicht zu bezweifeln, daß die Capitalien entweder von dem Landbau zurückgezogen, oder nur zu hohen Zinsen bewilligt werden würden. Wenn dies dem Landmann zum Schaden gereichte, so könnte sich auch ereignen, daß die Capitalisten darunter litten, wenn die Schuldner mit der Zinsenzahlung im Rückstande bleiben, während die Steuer an bestimmten Tagen eingetrieben würde.

Was im abgezogenen Denken als richtig und gerecht erscheint, stößt in der Ausführung oft auf große Schwierigkeiten. Eine mächtige steht auch dem aufgestellten Entwurfe der Besteurung des ländlichen Grundvermögens entgegen: Das ständische Recht der periodischen Steuerbewilligung würde dadurch wegfallen, ein Recht, das nach einer eben so irrigen als gewöhnlichen Meinung den Anfang und die Grundlage des Gebäudes der landständischen Verfassung ausmachen soll. Erst seit der Vollendung desselben durch Hinzukommen der Städte, und seit den oft wiederkehrenden Geldfoderungen der Fürsten, zu deren Befriedigung die Bürgerschaften das Meiste beitragen konnten, ist die Bewilligung oft an das Zugeständniß gewisser Rechte geknüpft, und so die Theilnahme der

Stände an der Gesetzgebung blos erweitert und befestigt worden. In so fern die gefoderten Geldhülfen nicht zum Besten des Gemeinwesens, sondern zu Privatbedürfnissen der Fürsten, hauptsächlich zur Bezahlung der Schulden, verwandt werden sollten, hätte in Fällen der Zurückweisung ständischer Anträge, die Steuerverweigerung weniger Anstößiges gehabt. Jetzt, nach erfolgter gesellschaftlichen Entwickelung, und bei völlig veränderter Bestimmung der Steuern, haben sich einige Deutsche Regierungen, als Rheinhessen[30], Baden[31], Würtemberg[32], ausdrücklich dagegen verwahrt, die Steuerbewilligung an Bedingungen zu knüpfen. Ganz übersehn aber ist die für das Gedeihn der Grundkraft jedes größern Staats so nothwendige Maßregel, für die ländliche Grundsteuer lange Zeiträume festzusetzen, in denen sie unverändert bleibt. In mehrern Staaten, als in Sachsen[33], Kurhessen[34], Rheinhessen[35], Würtemberg[36], soll sie mit den übrigen unmittelbaren Steuern alle drei Jahre von neuem bewilligt werden, in Baden alle zwei Jahre[37], in Nassau jährlich[38].

30) Verfassungs-Urkunde vom 17. Dec. 1820, Art. 68.
31) Verf.-Urk. vom 22. August 1818, §. 56.
32) Verf.-Urk. vom 25. Sept. 1819, §. 113.
33) Verf.-Urk. vom 4. Sept. 1831, §. 98, vergl. §. 115.
34) Ver.-Urk. vom 5. Jan. 1831, §. 144.
35) A. a. O. Art. 67.
36) A. a. O. §. 112.
37) A. a. O. §. 54.
38) Verf.-Urk. vom 1. und 2. Sept. 1814, §. 2, N. 3.

III.

Geldwesen und Banken.

Erster Theil.

Selbstständiges und allgemeines, oder Metall-Geld *).

§. 1.

Ursprung und Wesen des Geldes.

Die Menge und große Mannigfaltigkeit der als Zahlungsmittel gebrauchten, öffentlichen Verschreibungen ist eins von den bezeichnenden Merkmalen unsers Zeitalters. Von dem Gewerbstande mögen diese Papiere ohne Unterschied als Geld angesehn werden, zur wissenschaftlichen Behandlung aber der

*) Nach der Absicht des Verfassers sollte von allen vorzüglichen, in das Geld- und Bank-Wesen einschlagenden Geschäften und Anstalten, geschichtlich und wissenschaftlich, in bündiger Kürze, gehandelt werden. Es war daher nicht zu vermeiden, theils einiges Bekannte mit aufzunehmen, theils Manches zu wiederholen, was schon in der „Handelsgeschichte der Griechen" S. 185 ff., oder im ersten Theile des Werks über das „Städtewesen des Mittelalters" S. 437 ff. ausgeführt worden.

Staats- und Volks-Wirthschaft ist eine genaue Einsicht in das Wesen des Geldes erfoderlich. Nur auf dem geschichtlichen Wege kann die Verdeutlichung vollkommen gelingen; wie eben derselbe auch am sichersten zur Kenntniß der Anstalten führt, von denen die Papierzahlungsmittel ausgegangen.

Kaum bedarf es der Erwähnung, daß in der Kindheit des gewerblichen Lebens aller Tauschverkehr in unmittelbarem Umsatze von Waare gegen Waare bestanden hat. Wenn sich aber da der Fruchtverkäufer und der Stellmacher, der Weinbauer und der Schwertfeger, auseinander setzen wollten, wie schwierig mußte die Ausgleichung seyn, wie schwankend die Abschätzung des gegenseitigen Werthes der auszutauschenden Dinge! Keine Betriebsamkeit, keine Anregung bürgerlicher Entwickelung, so lange dieser Zustand dauerte. Es ist unbekannt geblieben; wann und wo man zuerst ein Hülfsmittel in der Anwendung des Satzes gefunden: wenn zwei Werthe einem dritten gleich sind, so sind sie es unter sich selbst. Zum Vermittler aber und Maßstabe bei der Preisbestimmung aller Dinge konnte nur ein Gegenstand dienlich seyn, der einen eigenen bedeutenden Werth hatte, von welchem ein allgemeiner und bestimmter Eindruck herrschte, und der sich für die Fälle, wo er nicht blos als eingebildeter oder Rechnungs-Werth, sondern als wirkliches Zahlungsmittel dienen sollte, im Besitze vieler Hausväter befinden mußte. Bei der damals einzigen Lebensart, der landwirthschaftlichen, war dies kein anderer, als Vieh. Zu dem Werthe von vier [1]) bis zwanzig [2]) Ochsen werden im Homerischen Zeitalter Sklavinnen angeschlagen; auf hundert wird ein Sklave geschätzt [3]), auf zwölf ein köstlicher Dreifuß [4]), auf hundert jede von den goldnen Franzen an dem Schilde der Minerva [5]). Neun Ochsen gilt die eherne Rüstung des Diomedes, aber hundert die goldne des Glaukus [6]). In den Gesetzen des Drako sind gewisse Strafgebühren nach Ochsen bestimmt gewesen [7]), nach eben diesen und nach Schafen im ältesten Rom, nach dem Haterischen Gesetze, diejenigen Bußen, welche die Consules aufzulegen befugt waren [8]). Auf Rindvieh und Pferde werden im Ripuarischen Rechte die Strafsätze zurückgeführt [9]).

Ein neuer Zeitraum begann in der Geschichte des Geldes mit der Erweiterung des kleinen und Binnen-Verkehrs, in welchem allein das bisherige

---

1) Il. XXIII. 705.

2) Odyss. I. 431.

3) Il. XXI. 79.

4) Ibid. XXIII. 703.

5) Ibid. II. 449.

6) Ibid. VI. 236.

7) Pollux IX. 60.

8) Dionys. Halicarn. X. 50.

9) Tit. XXXVI. c. 11.

Tauschmittel anwendbar war. Im auswärtigen und Groß-Handel, sowohl durch Karavanen, als zur See, war man zunächst genöthigt, auf die älteste Weise des Tausches, ohne Gebrauch einer Vermittlungswaare als Maßstabes, zurückzukommen. Als aber der Küstenhandel zwischen Griechenland, Asien und Aegypten lebhafter, und die Schwierigkeit größer wurde, den Werth der vermehrten auf den Markt kommenden Waaren gegenseitig abzumessen, ward das Bedürfniß auch hier die Mutter einer Erfindung. Wie jedoch der Ursprung gewerblicher Einrichtungen sich gewöhnlich im Dunkel der Vorzeit verliert, so hat auch die Geschichte nicht aufbewahrt, welche Handelsvölker zuerst übereingekommen, die edeln Metalle nicht nur als Mittel zur Bestimmung der Werthe zu gebrauchen, sondern auch sie selbst in Zahlung zu nehmen. Daß dieselben seit undenklicher Zeit zur Verarbeitung sowohl als Schmuck, als zu Geräthschaften, überall sehr gesucht gewesen, muß seinen Grund in dem Stoffe selbst haben: in dem Glanze, der Gediegenheit, der Geschmeidigkeit, um leicht verarbeitet zu werden. Zum Gelde der Welt empfehlen sie sich über dies durch mehrere andere Eigenschaften: sie sind von großer Dauerhaftigkeit, und der Abnutzung wenig unterworfen; ihr Gehalt läßt sich ohne sonderliche Kunst mit Sicherheit bestimmen; ohne an ihrem Werthe zu verlieren, können sie vielfach getheilt, und wieder zusammengesetzt werden; dazu ihr geringer Umfang, der die Aufbewahrung, wie die Fortschaffung erleichtert.

Dieser geschichtlichen Ausführung zufolge ist also das Metallgeld zwar eine Sache von eigenem Werthe, weil aus dem Stoffe mancherlei Gegenstände des Aufwandes verfertigt werden; hauptsächlich aber dient es als Mittel theils der Werthbestimmung verkäuflicher Dinge, theils ihres Umsatzes, theils der Vergeltung geleisteter Dienste und Arbeiten. Von andern Waaren ist es wesentlich dadurch verschieden, daß es nicht, wie diese, zuletzt zum Verbrauche dienen soll, sondern blos die angegebne Bestimmung erfüllt.

An und für sich selbst, als Stoff mancher Geräthschaften der Wohlhabenden, kann es demnach von dem Volksvermögen nur einen geringen Theil ausmachen. Im gewöhnlichen Zustande der Dinge ist ein Privatmann allerdings reich, wenn er viel Geld besitzt; es sind aber doch verzweifelte Lagen denkbar, wo er neben seinen Schätzen verhungern müßte. Der physische Reichthum eines Volks besteht in großen und nachhaltigen Vorräthen von ersten Stoffen und Nothwendigkeiten des Lebens. Damit aber dieser Reichthum zu größerer Fruchtbarkeit gedeihe, müssen drei Dinge hinzukommen: Unternehmungsgeist des Volks, Erleichterungsmittel des Absatzes, und Geldumlauf, als mächtiges Triebrad der gewerblichen Thätigkeit.

§. 2.

Gegenseitiges Werthverhältniß der beiden edeln Metalle.

Zu allen Zeiten ist dem Golde, seiner größern Seltenheit, Gediegenheit und Feuerbeständigkeit wegen, ein höherer Werth beigelegt worden, als dem Silber. Der Grad aber, in welchem dies geschehn ist und fortwährend geschieht, ist einem Wechsel unterworfen, der von vielerlei Ursachen, vorzüglich politischen und handelsschaftlichen, herrührt. Vorübergehende sind im Alterthum gewesen die plötzlich in Umlauf kommende Menge Goldes in Griechenland, seit der Plünderung des Delphischen Tempels, und in Rom die unverhältnißmäßige Anhäufung ein Mal durch die Zuflüsse aus Karthago und Syrien, dann wieder durch die Erpressungen Cäsars in Gallien. Häufig erfährt aber das Gold diesen Wechsel nur mittelbar, in Folge der Gemeinschaft, in welcher es mit dem Silber den Waarentausch vermittelt; denn oft ist es letzteres, das zunächst von jenen Ursachen getroffen wird. Zwischen beiden Metallen besteht eine Wechselwirkung. Durch vermehrten oder verminderten Umlauf des einen, bei unverändertem Umlaufe des andern, fällt oder steigt der Werth des ersten, so daß gegenüber der Werth des zweiten verhältnißmäßig steigt oder fällt. Von kurzer Dauer, und mit bald wieder erfolgender Ausgleichung, sind die Einwirkungen auf das Verhältniß, wenn in Kriegszeiten

Gold und Silber verborgen, und das geprägte dem Umlaufe entzogen wird, oder wenn mächtige Störungen in dem gewöhnlichen Gange des Handels eintreten; anhaltender, wenn Bergwerke von reichem Ertrage entdeckt und bearbeitet werden, oder wenn im Gegentheil deren Ausbeute abnimmt.

Bei allem Steigen und Fallen aber ist doch der mittlere Stand des Verhältnisses im Ganzen gewesen wie Eins zu Zwölf. So war es in Griechenland vier Jahrhunderte vor unsrer Zeitrechnung [1]), eben so im Fränkischen Reiche [2]), und im ganzen Germanischen Europa während des Mittelalters, bis in die neueste Zeit, allerdings mit Schwankungen, bis Eins zu Fünfzehn.

§. 3.

Anfängliches Abwägen. Ursprung des Münzens.

Als der angegebne Gebrauch des Goldes und Silbers im Großhandel allgemein geworden, und die Handelsleute versichert waren, es bei ihren Einkäufen in Zahlung geben zu können, führten sie es in größern oder kleinern Stücken auf ihren Seereisen mit sich, es den Verkäufern theilsweise abzuwägen.

---

1) Platonis Hipparch. ed. Steph. p. 231.

2) Caroli calvi edictum Pistense a. 864. c. 24: Baluz. capitul. II. 185.

Aber in dem lebhaften Umsatze auf großen Handelsplätzen wurde das kleinliche Abwägen bald lästig. Da kam man auf die Einrichtung von Kunstwerkstätten, worin einzelne Metallstücke von bestimmtem Gewicht abgemessen, und vermittelst eines Stempels mit demselben bezeichnet wurden; eine Erfindung, die bald auch in dem kleinen Verkehr Eingang fand, und das alterthümliche, in Vieh bestehende Mittel der Werthbestimmung und des Umsatzes verdrängte.

In den meisten Ländern alter und neuer Zeit sind daher die Namen der vorzüglichsten Münzen von den Gewichten hergenommen: in Attika die Münz-Drachme benannt von der Gewicht-Drachme, in Deutschland die Münz-Mark von der Gewicht-Mark. In Livre, Lira, ist der angegebne Gebrauch zu erkennen. Selbst von den gemünzten Silberstücken, anfänglich ganz rein, ohne allen Zusatz, wurden die kleinen gewogen, wegen der Umständlichkeit des Zählens; daher in Deutschland, den Niederlanden, Frankreich und England: „zwölf Pfund Silber in rei„nen Denaren [3]), funfzig Pfund Touronische De„naren [4])," oder „Denaren mit Sternen [5])," davon

---

3) Ibid.: „librae argenti de meris denariis."

4) Urk. Philipps IV. vom J. 1303: Ordonnances T. I. p 373.

5) Urkunde des Prinzen Karl, Regenten von Frankreich, v. J. 1359, in den Ordonnances cet. T. III. p. 399 400: „de„niers à l'etoile."

genannt Sterlinge; „tausend Mark Sterlinge [6]." — Aus Mangel an edeln Metallen haben sich bekanntlich die Römer, deren Stadt kein Handelsplatz war, anfänglich und lange Zeit mit Kupfer beholfen, wovon die Ausdrücke aes alienum, obaeratus; und zwar in der frühesten Zeit ebenfalls ungemünzt [7]), also zugewogen. Hieran erinnern noch theils die Wörter pendere, expensa, stipendium [8]), theils der Gebrauch, bei gewissen Käufen sinnbildlich eine Waage aufzustellen [9]), so wie die Testamente per aes et libram.

Bei der Einführung des neuen Zahlungsmittels hat jedoch, wenigstens in Griechenland und Rom, die Vorstellung geherrscht, es trete an die Stelle des Geldes der Urzeit, es sei bildliches Vieh. Das Gepräge hat dies angedeutet, und die Benennung ist davon entlehnt gewesen: die älteste Attische Münze soll, von der darauf befindlichen Abbildung, Βοῦς genannt worden seyn [10]), und in Rom hat, von den

---

6) Urkk. des Erzbisch. Siegfried III. von Mainz, von den J. 1233 u. 1235, in Schunk's Beiträgen zur Mainzer Geschichte, III. 107. 111.

7) Plin. nat. hist. XXXIII. 3: „ante Servium *rudi aere* usi „sunt Romani."

8) Ibid.

9) Ibid.: „in his emtionibus, quae mancipii sunt, etiam nunc „librâ interponitur."

10) Pollux I. 1.

in der ältesten Zeit aufgeprägten Ochsen, Schafen und Schweinen 11), das neue Zahlungsmittel überhaupt, mit Anspielung auf das alte, Pecunia geheißen 12).

Noch Eins ist in diesem Entwurfe einer Urgeschichte des Geldes zu erwähnen. Das Münzen des Goldes und Silbers der fremden Kaufleute in großen Seestädten war anfänglich ein freies Gewerbe. Um aber den Betrügereien der Münzer vorzubeugen, und das Vertrauen der Handelswelt aufrecht zu erhalten, legte sich überall die Regierung das ausschließliche Münzrecht bei, und ließ es durch zuverläßige und sachkundige Männer verwalten. In den wilden Jahrhunderten des Deutschen und Französischen Mittelalters hat diese freilich viel ärgern Mißbrauch davon gemacht, als die Tyrischen und Griechischen Münzer gewagt haben mögen.

§. 4.

Münzfuß.

Da jedoch ganz reines Gold und Silber zum Vermünzen, überhaupt zum Verarbeiten, zu weich

11) Plutarch. quaest. Rom. 38.

12) Plin. l. l.: „aes signatum est nota pecudum, unde et pe„cunia appellata." — Conf. XVIII. 3.

Ovid. Fast. V. 281: „hinc (a pecude) ipsa pecunia di„cta est."

ist, so hat man bei der Entwickelung des Münzwesens, seitdem kleinere und dünnere Stücke geprägt wurden, die Nothwendigkeit erkannt, ihm durch Zusatz von einigem härtern Metall, durch die sogenannte Beschickung oder Legirung, Festigkeit zu geben, dem Silber immer durch Kupfer, dem Golde durch dieses oder durch Silber: rothe und weiße Legirung. Hieraus entsteht der Unterschied zwischen der feinen und der rauhen Mark: jene enthält ein noch unvermischtes Metall, diese ein schon beschicktes. Bei den Gold- und Silber-Münzen ist nämlich eine Mark, oder ein halbes Pfund, das allgemein angenommene Grundgewicht. Die Verschiedenheit aber der Schwere desselben in den großen Handelsstädten hat bewirkt, daß, vor dem Aufkommen des Wechselwesens, in einem großen Theile von Europa bei dem Abwägen die Marken zweier Hauptplätze als Mustermarken angenommen worden, entweder die von Cöln, oder die von Troyes, jene etwas leichter, als diese; doch weichen von der in Cöln aufbewahrten ursprünglichen Mustermark mehr oder minder diejenigen ab, die danach für andere Münzstätten abgemessen worden. Dann haben auch die Regierungen bei dem Ausprägen des Goldes und Silbers eine von beiden zum Grunde gelegt.

Die Haupt-Eintheilung der feinen Mark ist bei dem Golde eine andere, als bei dem Silber. Vier und zwanzig Karat enthält sie bei jenem, sechszehn Loth bei diesem: daher karätiges Gold, löthiges Silber. Die Unter-Abtheilung aber der feinen Mark ist bei dem Golde und Silber gleich, und besteht aus 288 Theilchen oder Gran, nur daß deren auf das Karat zwölf, auf das Loth achtzehn, kommen.

Der feinen Mark ist entgegengesetzt die rauhe, mehr oder weniger mit einem geringern Metall vermischt. Korn heißt das darin befindliche edle, der Feingehalt, was bei den Goldarbeitern die Probe; Schrot ist das Gewicht einer aus der rauhen Mark geschlagenen Münze. Von Beidem ein Beispiel. Das ursprüngliche Korn eines Deutschen Thalers ist 8/9 Silber, 1/9 Kupfer, also über vierzehnlöthig; das ursprüngliche Schrot zwei Loth Cölnisch.

Wiewohl in der neuern Zeit die Münzkunst sehr vervollkommnet worden, kann sich doch ereignen, daß ein Stück am Korn, ein anderes am Schrot, wieder ein anderes an Beidem, zu schlecht ausfällt. Deshalb wird einige Abweichung von der gesetzlichen Beschaffenheit nicht als Verfälschung angesehn, und dem Münzmeister nicht zugerechnet. Wie weit aber diese Abweichung gehn dürfe, um noch eine unsträfliche, genannt Remedium, zu seyn, muß von dem Münzherrn ausgesprochen werden.

Wie jedes Fabrikgeschäft, erfodert auch der Betrieb des Münzens ansehnliche Kosten und Auslagen, zur Anschaffung der Metalle, zur Bestreitung des

Arbeitslohns, und zur Unterhaltung der Werkzeuge und Gebäude. Sie werden auf das Kunst-Erzeugniß geschlagen: das ist der eigentliche Prägschatz. In den meisten Ländern aber nimmt der Münzherr, außer den Betriebskosten, noch einen Gewinn, der auch mit unter dem Namen Prägschatz begriffen wird. Den Großhändler geht das nichts an; er sieht bei dem Gelde des Auslandes nur auf den Gehalt an Metall, und stellt danach seine Rechnung. In England verzichtet die Regierung nicht nur auf den mißbräuchlich sogenannten Schlagschatz, sondern sie schlägt selbst die Arbeitskosten nicht auf die Waare: daher aber das Verbot der Ausfuhr von gemünztem Gold und Silber.

Münzfuß ist der Name des Inbegriffs aller die Münzen betreffenden, gesetzlichen Bestimmungen: über das Verhältniß des Goldes zum Silber, über Korn, Schrot, Remedium, Stückzahl aus der rauhen Mark, Prägschatz.

Alles freilich bekannte Dinge. Sie mußten aber, der Vollständigkeit wegen, berührt werden, doch in möglichster Kürze, da nicht insonderheit Münze, sondern überhaupt Geld, den Gegenstand dieses Aufsatzes ausmacht.

Zweiter Theil.

Bankzettel, dem Gelde gleich geachtet.

Erster Abschnitt.

Vorgeschichte.

§. 5.

Attische Trapezitae. Römische Argentarii.

In den großen Handelsplätzen Griechenlands, und den Hauptstädten des Römischen Reichs, wo viele Fremde in gewerblichen und bürgerlichen Angelegenheiten zusammenkamen, führte das Bedürfniß auf das Wechslergeschäft, auf den Umtausch der von Reisenden mitgebrachten, nach Gehalt und Gewicht so verschiednen Landesmünzen: ein kleinliches und anfänglich schmutziges Gewerbe. Von den niedrigen Geldkrämern in hölzernen Buden bis hinauf zu den heutigen freiherrlichen Geldgebietern in Pallästen, die zu einer Macht im Staate geworden: dieser große Stufengang hat unleugbar zum Bessern geführt, wenn auch in einer Beziehung nicht zum Guten, in so fern nämlich der Geldherrenstand von der Staatsgesellschaft, wenn sie sich an ihn wendet, übermäßige Opfer erpreßt. Der Einzelne aber wird menschlicher behandelt; wogegen im Alterthum die Wucherer den

Unkundigen durch übertriebenes Aufgeld, Collybus [1]), drückten. Die Attischen sind bekannt genug, auch der Aeginetische Strymodor [2]). — Pythius in Syrakus hat ebenfalls den damaligen Geist seines Standes nicht verleugnet, aber die Kunst, zu berücken, in grossartigem Styl ausgeübt; was jedoch der bedeutenden Stellung, welche die Geldgeschäftsmänner in der spätern Römischen Zeit einnahmen [3]), keinen Abbruch that.

In ihren zerstreuet liegenden Wohnungen wären die Wechsler von den Fremden nicht so leicht aufzufinden gewesen, auch hätten sie nicht Gelegenheit gehabt, ihre Dienste anzubieten. Es war daher zweckmäßig, das Geschäft an einem öffentlichen, und zwar gemeinschaftlichen Orte zu treiben, wohin sie täglich eine Handkasse nebst einem Kassentagebuche mit sich nahmen. Daselbst standen für sie Buden aufgeschlagen, Tabernae argentariae [4]), für die Attischen im Piraeeus, für die Römischen auf dem Forum. Diejenigen von den letztern, die ihr Glück in Jerusalem

---

1) Isocrat. Trapezit. ed. Bekker, II. 528.
Demosth. adv. Polycl. ed. Reisk. p. 1216. 18.
Pollux III. 84. VII. 170.

2) Demosth. pro Phorm. l. l. p. 953. 19.

3) Cic. de off. III. 14: „Pythius, qui esset, ut argentarius, „apud omnes ordines gratiosus.“

4) Plaut. Epidic. II. 2. v. 15.
Liv. XXVI. 27.

zu machen suchten, so wie die Jüdischen, hatten ihren Stand in der Vorhalle des Tempels [5]). Von dem langen Tische, worauf sie das Geld zählten, und worin Schubfächer mit den verschiedenen Landesmünzen, hießen sie in Griechenland Trapezitae, in Rom zwar ebenfalls Mensarii [6]), doch auch Nummularii, und solche, die das Wechslergewerbe zu einem ins Große gehenden Geldverkehr erweitert hatten, Argentarii.

Auch hierin waren die Trapezitae in Athen vorangegangen. In dem Zeitraume der Gewaltherrschaft dieses Staats über die verbündeten Inseln und Küstenstädte, und der grausamen Erpressungen, so wie durch die große Erweiterung des Seeverkehrs, hatten manche Häuser bedeutenden Geldreichthum angesammelt. Welchen Gebrauch sollten sie davon machen? Zum Ankaufe von Ländereien fehlte es an Gelegenheit und Neigung: also kaufmännische Unternehmungen. Nach ihrer damaligen Beschaffenheit wurden diese entweder mit fremdem Capital betrieben, in welchem Falle sich häufig der Eigenthümer desselben mit am Bord befand; oder wenn der Handelsherr das Unternehmen mit eigenen Mitteln bestritt, führte er meistentheils ebenfalls persönlich die Waaren auf den fremden Markt, und besorgte die

---

5) Matth. XXI. 12.

6) Sueton. August. 4.

Rückfrachten [7]). Für die Fälle der häufigen und langen Abwesenheit hatten solche Gewerbleute eine Veranstaltung getroffen, daß während derselben theils die zurückgelassene Baarschaft sicher aufbewahrt, theils ihre daheim nothwendigen Zahlungen geleistet wurden: was sie ihren Hausgenossen nicht anvertrauen konnten. Die Wechsler waren im Zahlungsgeschäft und in der Kassenführung geübt, ihre Wohnungen gegen Diebstahl gesichert; bei ihnen gewisse Summen niederzulegen, und ihnen die Verwaltung zu übergeben, erschien daher zweckmäßig. Es bedarf kaum der Erwähnung, daß einem solchen Zahlungspflichtigen Zweierlei oblag: diejenigen, welche Foderungen an ihn hatten, wies er an den Wechsler, und dem letztern gab er die angewiesenen Gläubiger namentlich an. Waren sie demselben nicht persönlich bekannt, und zur Zeit abwesend, so würden sie zugleich einem oder einigen zu Hause bleibenden Freunden von dem Schuldner empfohlen, die sie bei dem Wechsler beglaubigten, und die demselben ebenfalls genannt werden mußten. Man konnte sich darauf verlassen, daß dieser in seinen Büchern über alle Namen genaue Verzeichnisse führte [8]). Auch vornehme und reiche Römer haben sich eines Geld-

---

7) Des Verf. Handelsgeschichte der Griechen S. 165 ff.

8) Demosth. adv. Calipp. l. l. p. 1236. 11 seqq. 1237, sub fin.

händlers zu ihrer Kassenverwaltung bedient 9), aber nicht als Gewerbtreibende, sondern genöthigt durch den öftern und langen Aufenthalt im Felde und in fernen Ländern. Daß sie ebenfalls Geldsummen niedergelegt 10), und Anweisungen darauf ertheilt haben 11), worüber Buch und Rechnung geführt worden 12), findet sich in mehrern Stellen angegeben. Seit der genauen Verbindung Griechenlands mit Rom, und dem vermehrten Reiseverkehr zwischen beiden, erhielt der Gebrauch solcher Anweisungen einen weitern Umfang. Athenische und Römische Wechslerhäuser traten in Verbindung, und übermachten sich

---

9) Polyb. reliqq. l. XXXII. c. 13. Schweigh. IV. 569.
Digest. lib. II. tit. 13. fr. 9. §. 2: „nummularii et ac-„cipiunt pecuniam, et erogant per partes.“

10) Plaut. Curcul. II. 3. v. 66 seqq. — IV. 3. v. 3 et 4: „argentum apud trapezitam situm est; — triginta minas, „quas ego apud te deposui.“
Digest. lib. XVI. tit. 3. fr. 7. §. 2., et fr. 8: „depositarii, „qui depositas pecunias habuerunt, quas non foenore „apud nummularios exercebant; — pecunia deposita.“

11) Ibid. l. XLVII. tit. 2. fr. 27. §. 1: „si quis, quum alias „probationes *mensaeque scripturam* haberet, chirographi „(debitoris) furtum passus sit.“
Donat. ad Terent. Adelph. II. 4. v. 13, ed. Lindenbrog. p. 268: „pecunia magis numerabatur de *mensae scriptura* „quam ex arca domoque.“
Plautus. l l. v. 67. 68: „ei mandavi, qui *annulo meo* „*tabellas obsignatas* obtulisset.“

12) Cic. Caecin. 6: „argentarii tabulae, in quibus sibi ex-„pensa pecunia lata sit, acceptaque relata.“

gegenseitig die Summen, die von Reisenden bei ihnen niedergelegt worden, welche ihre Baarschaft den Gefahren der Seeräuber und der Stürme nicht aussetzen wollten [13]).

Sonach befanden sich in den Händen der Attischen, wie der Römischen Wechsler beträchtliche Vorräthe fremder Gelder, von denen sie die Zeit berechnen konnten, wie lange sie darüber zu verfügen haben würden. Denn die Versuchung war groß, in der Zwischenzeit für eigene Rechnung Geschäfte damit zu machen. Sowohl jene [14]), als diese [15]) konnten wagen, auf kurze Fristen einzelne Summen als Darlehne zu gewähren, gegen hohe Zinsen, und außer dem sichern Unterpfande auch gegen eine Schuldverschreibung, Syngrapha. Um den Gewinn noch weiter zu treiben, nahmen sie auch Gelder von Andern an, gegen Zinsen, aber viel geringere, als sie von ihren Schuldnern foderten [16]).

---

13) Cic. Att. XII. 24. XV. 15: „quaero, quod illi (Ciceroni) „opus erit Athenis, *permutarine* possit, an ipsi ferendum „sit? — Velim cures, ut *permutetur* Athenas, quod sit „in annum sumtum."

14) Demosth. adv. Euerget. et Mnesib. l. l. p. 1154. 1155. Id. adv. Timoth 1185, et adv Nicostrat. p. 1249 seqq.

15) Quinctil. V. 10. §. 105: „argentariorum creditum."

16) Isocr. Trapezit. ed. Bekker. p. 516. 528. 529. Demosth. adv Aphob. p. 816 sub fin. Digest. II. 14. fr. 47 §. 1: „Lucius Titius Caium Seium „mensularium debitorem sibi constituit" Ibid. lib. XVI. (vid. supra N. 10): „depositas pecunias „— *non foenore* cet."

§. 6.

Italienische Campsores im Mittelalter. Zinsenverbot.

Von ihren Geld-Tischen sind in Italien die Wechsler noch geraume Zeit benannt worden [1]; in der Folge aber ist der Ausdruck Bank an die Stelle getreten, wie er auch bei mehrern andern Gewerben Statt gehabt hat: Brodt- Fleisch- Wein- Leder-Bänke. Daneben ist jedoch auch die Benennung Cambitores oder Campsores häufig gewesen, von dem spätern Lateinischen Cambio [2], Campsi [3], wechseln; wovon Cambium, Change.

Fast haben diese gewitzigten Italienischen Geldleute, die über die Alpen nach Beute auszogen, unter den Verhältnissen der damaligen Zeit eine größere Herrschaft ausgeübt, als, wegen veränderter Umstände, die heutigen Europäischen, wie wesentliche Räder auch die letztern in dem Triebwerke des öffentlichen und Privat-Lebens ausmachen. Zu der ebnen Straße, auf der diese einhergehn, haben jene durch die Dornen des Mangels an Treue und Glauben, und eines anmaßlichen Kirchenverbots die Bahn gebrochen. Einer von den Grillen des Kirchenrechts

---

1) Des Verf. Städtewesen des Mittelalters I. 440: *„mensae „concambiorum, tabulae* cambiatorum."

2) Apuleius, apolog. ed: Oudendorp et Bosscha T. II. p. 429.

3) Priscian. l. X extr.

zufolge waren Darlehne auf Zinsen mit empfindlichen priesterlichen Strafen bedroht. Hierin bestand aber das Hauptgeschäft der Lombardischen und Florentinischen Wechsler, welche Deutschland, die Niederlande, Frankreich und England heimsuchten, und Wucher trieben, entweder dem Kirchenverbote zum Trotz, oder mit spitzfindiger Umgehung desselben, oder gar mit stillschweigender Genehmigung der Bischöfe und Aebte, und selbst der Päpste. Die das Geschäft in größerm Umfange wagten, begnügten sich nicht mit der landesherrlichen Erlaubniß, einzelne große Jahrmärkte zu beziehn, sondern verschafften sich das Recht pachtweise für gewisse Jahre, und ließen sich in einem lebhaften Handelsorte häuslich nieder. Für die fürstlichen Verschwender der Umgegend, die sich durch Gelage und tollen Aufwand in Schulden stürzten, wurden sie verführerisch. Da sie solchen Schuldnern oft weder den guten Willen, noch die Fähigkeit zur Erstattung des Capitals zutrauen konnten, so hielten sie sich schadlos durch hohe Zinsen. Als Fremde setzten sie sich hinweg über die Rügen der Geistlichkeit. Ja nicht wenige Bischöfe und Aebte haben Anstand genommen, es mit den „Lombardischen Hunden" zu verderben. Durch ärgerlichen Weltsinn zu üppigem Aufwande verleitet, und in bürliche Händel verwickelt, oder in Verlegenheit, die von Rom erpreßten Gelder aufzubringen, versetzten sie bei jenen das goldne und silberne Kirchengeräth, gegen

Zinsen. Manche verfuhren rücksichtlicher, und wandten sich an Jüdische Wucherer. Mußte die Dreistigkeit der Lombarden nicht steigen, wenn selbst die Päpste in Geldgeschäften sich ihrer bedienten, und dieselben „ihre Campsores" nannten? Denn sie zogen, besonders in England, die Kirchengelder ein, die von Rom gefodert wurden, und vermittelten die Uebersendung dahin; und wenn sie einige Zeit zu ihrem Vortheil Gebrauch davon machten, und dem Könige, so wie den Bischöfen, Darlehne gegen Zinsen gewährten, so sahn die Päpste durch die Finger. Dagegen wurde einem einheimischen Wechsler, der ebenfalls Zinsen genommen, und sich an den Kirchenbann nicht gekehrt hatte, das kirchliche Begräbniß versagt.

In den Gegenden von Europa, durch welche Hauptstraßen des damaligen Großhandels liefen, stieg seit dem vierzehnten Jahrhundert die Wechselwirkung zwischen dem Waaren- und dem Geld-Handel: jener vermehrte das Bedürfniß von diesem, und der letztere belebte und erweiterte jenen. Nun gewann der Geldverkehr und das Zahlungswesen größere Ausdehnung. Es bildeten sich Gesellschaften Florentinischer Wechsler, die Frescobaldi, Medici, Peruzzi, Bardi, und andere, die auf den großen Handelsplätzen Geschäftshäuser einrichteten, und sich noch weniger, als jene einzelnen Campsores, an das Verbot kehrten. Immer besser, offen zu verfahren, als durch Ausreden und Winkelzüge die Zinsen zu verleugnen. Manche Geldhändler nämlich stellten sich, als könnten sie das Verbot nur von gemünztem Silber verstehn, nicht von ungemünztem; andere beschönigten die Zinsen mit dem Namen „Vergütung;" wieder andere ließen in der Schuldverschreibung die Geldsumme als damals gewöhnlichen Rentenkauf vorstellen. Endlich ist von Martin dem Fünften, nach eingeholtem Gutachten der vorzüglichsten theologischen Facultäten, im Jahre 1425 ein Gesetz aufgehoben worden, das nur geschadet hat *).

§. 7.

Entstehungsart des Wechselwesens, und der Banken.

Von Nordwesten nach Südosten erstreckte sich durch Europa, in den letzten drittehalb Jahrhunderten vor der Entdeckung von Amerika und der Fahrt um Afrika nach Indien, eine wichtige Kette, mit dreien Gliedern, welche die bekannten Haupt-Zweige der Völkerbetriebsamkeit umfaßten. In England, das jetzt in Ansehung dieser Betriebsamkeit mit einem Gebäude von dreien Stockwerken zu vergleichen ist, waren damals das zweite und dritte noch nicht aufgeführt, und von dem ersten oder Erdgeschoß, der Landwirthschaft, nur der Theil vollendet, ja unverhält-

---

*) Städtewesen des Mittelalters, II. 35—47.

nißmäßig bedacht, welcher die Schafzucht betraf. In dem Absatze der rohen Wolle nach den Niederlanden und dem angränzenden Nordfrankreich bestand der wichtigste Theil des Ertrags der großen Landgüter. Hauptsächlich durch Verarbeitung dieses Stoffs ward der bezeichnete Theil des westlichen Europa ein Hauptsitz des Kunstfleißes, dessen Erzeugnisse immer stärkern Absatz fanden, je weiter sich die Gesellschaft entwickelte, und nicht nur der Burgherr den Rock nicht mehr mochte, den die leibeigenen Bewohnerinnen seines Dorfs gewebt hatten, sondern auch dem wohlhabenden Bürger der alte Fries nicht mehr anstand. Schon darin zeigt sich ein beträchtlicher Absatz, daß der Engländer die einheimische Wolle hier spinnen, weben und färben ließ; am meisten aber wurden die Tücher von Süddeutschen, Venetianern, Florentinern, Lombarden, Südfranzosen und Catalaniern abgeholt, die den größern Theil nach Griechenland und Syrien absetzten, und dagegen die Waaren dieser Länder herbei führten. Daß für diesen Umsatz die Landschaft Champagne der Mittelpunkt war, ist einer der merkwürdigsten Umstände in der Handelsgeschichte des Mittelalters. Provins, Bar an der Aube, vor allen aber Troyes, hatten weit berühmte, aus fernen Ländern besuchte Märkte.

Hier nun eröffnete sich für die Italienischen Bankhalter ein ergiebiges Feld. Der erweiterte Betrieb ihres Geschäfts erfoderte die Unterhaltung von

Commandit-Anstalten in den größern Handelsstädten der Länder, aus welchen sich Großhändler in Champagne einfanden. Nach den obigen Ausführungen war es ein längst bekannter Gebrauch, daß Reisende, die sich nicht mit Gelde, gemünztem oder ungemünztem, beschweren wollten, solches bei einem Bankhalter niederlegten, und dafür entweder eine Anweisung auf ein mit ihm verbundnes Haus an dem Orte der Bestimmung ihrer Reise nahmen, oder selbst Anweisungen darauf ausstellten, um dadurch ihre Gläubiger an dem Orte der Abreise zu befriedigen. Dies ist auch auf den großen Märkten von Champagne geschehn. Nachdem aber daselbst die Häupter der reichen Handelshäuser von Brügge und Antwerpen bis Florenz und Barcelona in persönliche Bekanntschaft gekommen, fingen sie an, sowohl zur Abkürzung des Geschäfts, als zur Ersparung der den Wechslern zukommenden Gebühren, mit Uebergehung derselben ihre Foderungen und Verbindlichkeiten unmittelbar auszutauschen. Der Name Wechselbriefe ward jedoch für solche gegenseitige Anweisungen beibehalten: offenbar der Keim des Wechselwesens.

Wenn fortdauernd Kaufleute Gelder bei einem Bankhalter niederlegten, so nahmen sie weder Anweisungen dafür, noch gaben sie solche darauf, sondern sie ließen sie, gegen einen Empfangschein, auf die Namen der Empfänger in die Bank-Bücher eintragen, und stellten ihren Gläubigern nachrichtlich anheim, welchen Gebrauch diese davon machen wollten. Manche nun benutzten dies, um auf diesem Wege ihren Gläubigern gerecht zu werden, ließen sich demnach von dem Wechsler eine Anweisung auf seine Bank ausfertigen, die sie dem Gläubiger zustellten: dies hat auf das Wesen der Zettelbanken geführt. — Andere schlugen einen noch kürzern Weg ein; sie ließen, wenn einer oder der andere ihrer Gläubiger bei demselben Wechsler ein Depositum hatte, die demselben schuldige Summe von ihrem Guthaben tilgen, und mit dessen Genehmigung auf sein Blatt in dem Bankbuche übertragen: worin die Anfänge der Giro-Banken zu erkennen sind *).

Zweiter Abschnitt.

Bestimmung und Einrichtung der beiden Haupt-Arten von Banken.

§. 8.

Zettel- oder Disconto- Leih- und Deposito-Banken.

In ihrer Eigenschaft als Leih-Bank treibt eine solche Anstalt zweierlei Geschäfte, worin schon

*) Daselbst I. 365 ff. 444 ff.

die Griechischen und Römischen Wechsler (§. 5.) vorangegangen. Zuvörderst gewährt sie Darlehne gegen sicheres Unterpfand in Kostbarkeiten, Papieren von Geldeswerth, trocknen Wechseln, Grundstücken. In Beziehung hierauf heißt sie insonderheit Lombard, von dem Umstande, daß die Lombardischen Campsores den Anfang gemacht haben. Auf großen Handelsplätzen, und in Gegenden, wo der Kunstfleiß ins Große geht, ist schon wegen der Aushülfe in Verlegenheiten, und wegen der Unterstützung des Unternehmungsgeistes, eine solche Anstalt von sehr großem Nutzen. Das zweite Geschäft einer solchen Bank, in der Eigenschaft als Leih-Anstalt, besteht darin, daß sie auch fremde Gelder annimmt, entweder blos zur Verwahrung, der Sicherheit wegen, oder als Anleihen; am häufigsten Letzteres. Eingegangne Capitalien, die nicht sogleich mit Vortheil wieder anzuwenden sind, können hier, um nicht todt zu liegen, einstweilen untergebracht werden, gegen mäßige Zinsen, nebst Schuldverschreibungen der Bank. Hauptsächlich ist dieselbe in dieser Eigenschaft zugleich eine Wohlfahrtsanstalt, indem gerichtliche Gelder, so wie die, der Waisen und milden Stiftungen, schnell, bis zu besserer Gelegenheit, bei ihr belegt werden können. Auf dem Umstande, daß fremde Gelder niedergelegt werden, beruht die Benennung Depositobank. Selbst die Privat-Bankhalter nennen verzinslich angenommene Gelder Deposita.

Das erste bekannte Beispiel einer Darlehn- und Anleihe-Bank, die nicht mehr Privat-Unternehmung Einzelner gewesen, ist der von der städtischen Behörde zu Barcelona im Jahre 1401 eingerichtete Wechseltisch, Taula de cambi *). Die in der Folge angelegten sind, mit Ausnahme der Preußischen, und zum Theil der früheren Oesterreichischen und Dänischen, von Capitalisten unternommen. Mit Genehmigung der Regierung wird von diesen ein Grundcapital aufgebracht, getheilt in eine bestimmte Zahl von gleich großen Einlagen oder Actien, um damit für gemeinschaftliche Rechnung Geldgeschäfte zu treiben. Die Dividende, oder die Vertheilung des reinen Gewinns auf die einzelnen Einlagen, ist, nach Maßgabe des Erfolgs, größer oder geringer.

Als Leihbank macht zwar eine solche Anstalt sehr einträgliche Geschäfte, bedeutender aber ist der auch von einzelnen Capitalisten und großen Bankhäusern getriebene, schon von den spätern Lombarden eingeleitete, wichtige Wechsel-Disconto, überhaupt Handel mit Wechseln. Eigenthümer von letztern, welche die Verfallzeit nicht abwarten, sondern den Betrag früher haben wollen, verkaufen sie an die Discontobank. In dem Abzuge, den diese dabei macht, und

*) Antonio de Capmany y de Montpalau Memorias historicas sobre la marina, comercio y artes de la antigua ciudad de Barcelona. Vol. I. p. 213.

der dem landüblichen Zinsfuße ungefähr gleich kömmt, besteht ihr Gewinn, so wie darin, daß sie die abgezogene Summe sogleich wieder auf ein anderes Geschäft verwenden kann. Dazu die Möglichkeit eines Vortheils im Curs, bei dem Wieder-Verkauf.

Die ergiebigste Quelle des Gewinns besteht in der Berechtigung, Anweisungen auf sich selbst, Banknoten, Bankzettel auszustellen, die, dem baaren Gelde gleich, von Jedermann, selbst in den öffentlichen Kassen, angenommen, und sehr häufig der Baarzahlung vorgezogen werden; womit also die Bank großentheils ihre Zahlungen sowohl für angekaufte Wechsel, als für gewährte Darlehne, leistet; während sie zugleich auch ihr Metall in gewinnbringenden Geschäften anwendet. Zwar ist es der gewerbtreibenden Staatsbewohnerschaft kein Geheimniß, daß die Zettelbank in ihren Papieren eine unverhältnißmäßig stärkere Summe in Umlauf setzt, als ihr baares Capital beträgt, bei weitem der größere Theil also nicht gedeckt ist; dennoch sind die Bankzettel beliebt, eben weil sie allgemein in Zahlung angenommen, und die Geldsendungen dadurch erleichtert werden; dann auch, weil der Inhaber, dem es auf baares Geld ankömmt, dasselbe, gegen Einreichung der Zettel, von der Kasse ausgezahlt erhalten kann, die zu diesem Behufe immer eine angemessene Summe vorräthig halten soll. Es kann aber das Zettelwesen eine Klippe werden, an der die ganze Anstalt scheitert: wenn sie entweder aus ungemäßigter Gewinnsucht die Sache übertreibt, ihren Credit mißbraucht, zu viele Zettel ausgiebt, und einen zu geringen Kassenbestand hält, daß sie diese nicht mehr verwirklichen kann; oder wenn sie von der Regierung gedrängt wird, eine übermäßige Zahl zu verfertigen, um sie derselben als Darlehn zu geben.

§. 9.

Giro-Banken.

Der Verkehr des Großhändlers bringt die Nothwendigkeit mit sich, zu seinen Zahlungen immer einen beträchtlichen Geldvorrath bereit zu halten, besonders auf einem Handelsplatze, wo keine Banknoten umlaufen. Nicht nur ist aber die Aufbewahrung der Feuersgefahr, Diebstählen vermittelst Einbruchs, Veruntreuungen der Dienstleute, ausgesetzt, sondern auch das Zahlungsgeschäft ist wegen der nothwendigen großen Aufmerksamkeit beschwerlich. Solcher Lasten und Gefahren ist man gern überhoben. Daher haben auf mehrern großen Plätzen, vorzüglich in Seestädten, die Handelshäuser, die einen lebhaften gegenseitigen Verkehr unterhalten, wodurch sie im Stande sind, den von auswärts an sie gelangenden Aufträgen schnell zu genügen, einen Zahlungsverein geschlossen: in einem feuerfesten, gegen Einbruch gesicherten Gebäude lassen sie durch vereidete Beamte, die eine Geldbürgschaft geleistet haben, gemeinschaftlich ihre Kasse führen. Theils ist es demnach bei einer solchen Anstalt nicht auf Gewinn abgesehn, theils beschränkt sie sich ihrem Wesen nach, wenigstens hauptsächlich, auf die eine Stadt.

Jeder Theilnehmer legt eine beliebige Summe nieder, worüber auf seinem Folium in den Büchern der Bank Rechnung geführt wird. Ein Haupt-Erfoderniß hierbei ist aber, daß alle niedergelegte Gelder einerlei Silberwerth haben, ohne Rücksicht auf Namen, Gepräge und Gewicht. Ursprünglich sind nur alte schwere Münzen, Species, von fünfzehn löthigem Silber eingelegt worden. Bei Erweiterung der Anstalt war nicht zu vermeiden, auch neuere, leichtere Münzen anzunehmen, bei denen jedoch, ohne die Prägkosten in Anschlag zu bringen, blos der Silbergehalt berechnet wurde. Es kömmt aber auch in Betracht, daß die aufbewahrten Summen nicht immer dieselben bleiben, sondern Theile davon herausgenommen, die dann im Umlaufe abgenutzt werden, und so zurückkehren. Daher muß, zur Ausgleichung, ein Aufgeld erlegt werden. Die Führung der Rechnungen über Gelder von so verschiedener Beschaffenheit wird durch folgende Maßregel vereinfacht: als Durchschnitt oder mittlerer Werth von allen ist ein unveränderliches Bankgeld (Bankthaler, Pfund- oder Mark Banco) als eingebildete oder Rechnungs-Münze zum Grunde gelegt, entgegengesetzt dem umlaufenden oder Courant. Statt des gemünzten Silbers können auch Barren niedergelegt werden.

Bei den gegenseitigen Zahlungen, die nun unter den Theilnehmern auf den Grund dieser Hypotheken mittelbar geschehn, wird mit großer Vorsicht zu Werke gegangen. Nach einem bestimmten Formular schreibt der Schuldner eigenhändig eine Anweisung, worin den Buchhaltern aufgegeben wird, von seinem Depositum eine genau angegebne Summe abzuziehn, und sie der, eines namhaft gemachten Gläubigers, zuzusetzen. Ueberbringer der Anweisung kann nur ein Bevollmächtigter seyn, der den Bankbeamten ein für alle Mal zu diesem Geschäft von dem Mitgliede der Bank persönlich vorgestellt und beglaubigt worden. Vermöge dieses Uebertragens, S c o n t r i r e n s, oder Ab- und Zu-schreibens findet ein steter Kreislauf, *Girus*, der niedergelegten Werthe Statt, ohne daß in der Regel das Geld angerührt wird. Nothwendig führt jeder Theilnehmer ein Privat-Bankbuch, worin er die Veränderungen vermerkt, die sein niedergelegtes Capital an jedem Zahltage erfährt. Kaum bedarf es der Erwähnung, daß ihm frei steht, dasselbe ganz, oder zum Theil zurückzunehmen, desgleichen, daß er, wenn es durch Abschreiben erschöpft ist, entweder von neuem eine Summe einlegen muß, oder aufhört, Mitglied zu seyn. Wer dies nicht ist, aber eine Anweisung vorlegt, kann, nach Gefallen, die angewiesene Summe ausgezahlt erhalten, oder sich dafür ein Folium anlegen lassen, wodurch er in die Gesellschaft eintritt.

Venedig, das Haupt des Welthandels im spätern Mittelalter, hat das erste Beispiel eines solchen Zahlungs- und Kassen-Vereins, nicht 1171, sondern 1582, gegeben*). Darauf Amsterdam 1609, Hamburg 1619, Nürnberg 1621, Rotterdam 1635 **). Mit Ausnahme der Hamburgschen, sind die übrigen entweder ganz eingegangen, oder bestehn nicht mehr nach der ersten Einrichtung.

Dritter Abschnitt.

Vorzüglichste Europäische Zettelbanken.

§. 10.

Georgsbank zu Genua ***).

In dieser großen und reichen Handelsstadt, der unermüdlichen Nebenbuhlerin des herrschsüchtigen

---

*) Vergl. Städtewesen I. 453. 454.

**) *Mees:* Proeve eener geschiedenis van het bankwezen in Nederland. Te Rotterdam 1838. p. 207. 335.

***) (Antonio Lobero, archivista) Memorie storiche della banca di S. Giorgio. Genova 1832.

Folietae hist. Genuens. l. IX, in Graevii thesaur. antiqq. et hist. Italiae. T. I. P. I. p 529. 530.

Venedig, bestanden schon seit dem Ende des zwölften Jahrhunderts verschiedene Gesellschaften von Kaufleuten, die auf Veranlassung der Kreuzzüge für gemeinschaftliche Rechnung Unternehmungen nach Griechenland und Syrien machten. Im Jahre 1252 vereinigten sie sich in eine Gesammt-Genossenschaft, mit gemeinschaftlichem Capital, das, um die Berechnung bei Vertheilung des Gewinns zu erleichtern, in acht und zwanzigtausend gleiche Antheile, sogenannte Stellen, Loci, Luoghi, oder Actien, Azioni, getheilt wurde, deren jedes Mitglied mehr oder weniger besitzen konnte. Die Verwaltungsbeamten wählte die Gesellschaft aus ihrer Mitte.

Diesen reichen Capitalisten-Verein faßte die Regierung ins Auge, wann sie, was immer häufiger vorkam, in ihren Kriegen und politischen Verwickelungen Anleihen zu machen genöthigt war. Die Gesellschaft ging nicht nur darauf ein, sondern ließ sich selbst die Bedingung gefallen, die Darlehne nicht wider Willen des Schuldners zu kündigen; denn sie fand ihre Rechnung bei dieser Anwendung ansehnlicher Capitalien. Die Zinsen nämlich, die, nach Verschiedenheit der einzelnen Anleihen, jährlich sechs bis zehn vom Hundert betrugen, waren nicht nur gesichert, sondern überstiegen auch, bei den Gefahren, denen der Seehandel in den beständigen Kriegen ausgesetzt war, häufig den reinen Handelsgewinn. Zur Aufbringung der Zinsen wurden Steuern auf verschiedene Lebensmittel gelegt, auf Getreide, Fleisch, Salz, Oel, Wein; durch Ueberweisung dieser Einkünfte an die Gläubiger gab die Regierung das erste, und sehr auffallende Beispiel von dem sogenannten Fundiren oder Consolidiren. Neben den öffentlichen Steuer- und Zoll-Beamten befanden sich an den Hebungsstellen einige Mitglieder der Gesellschaft, als Mit-Aufseher und Gegenrechner, in deren Gegenwart zu bestimmten Zeiten von den eingekommenen Geldern die bedungene Zinsensumme vorweg erhoben, und an die Verwaltungsbehörde der Gesellschaft, zur verhältnißmäßigen Vertheilung unter die Mitglieder, abgeführt wurde. Die darüber geführten Bücher gingen sehr ins Einzelne, und enthielten Angaben sowohl des Bedürfnisses, worauf jede Anleihe verwandt worden, als der Länder, aus welchen die Waaren eingingen, die zum Behufe der Zinsen eine Steuer tragen mußten. Die Pfandschaften wurden Käufe genannt, Compere, worunter wohl Rentenkäufe zu verstehn sind; denn es ist bald dahin gekommen, daß man die Zinsen als immerwährende Renten angesehn, und an die Rückzahlung des Capitals nicht mehr gedacht hat.

Langwierige und kostspielige Seekriege, besonders mit Pisa, Parteiungen, innere Zerrüttungen machten wiederholte Anleihen nothwendig. In die eben beschriebene Körperschaft konnten die neuen Gläubiger nicht aufgenommen werden; sie war gegründet auf die geschlossene Zahl von acht und zwanzigtausend Luoghi. Gleich dieser, mußten daher bei jeder neuen Anleihe die theilnehmenden Capitalisten ebenfalls in eine Gesellschaft zusammentreten, weil sie, zur Verzinsung, die Steuern als gemeinschaftliches Unterpfand angewiesen erhielten, die entweder auf neue Gegenstände gelegt, oder denen die bisher aus gewissen Orten steuerfrei eingegangenen nun auch unterworfen wurden. Mit Inbegriff der ursprünglichen, im Jahre 1252 gestifteten, stieg die Zahl solcher Staatsgläubiger-Gesellschaften auf Neun, jede mit einem Gesammt-Capital, getheilt in Luoghi. Manche führten den Namen von der Veranlassung ihrer Entstehung, als: die, des Kaisers, des Königs Karl, die, von Corsika.

Das Lästige, mit neun Genossenschaften von Pfandgläubigern in so verwickelter Berechnung zu stehn, bewog die Regierung 1346, jenes Verfahren der kaufmännischen Gesellschaften von 1252 nachzuahmen, und die Neun in eine allgemeine große Körperschaft zusammenzuziehn, sämmtliche Staatsschulden also in eine Hauptsumme zu vereinigen, und diese in gleichmäßige Luoghi zu zerlegen. Zu dem Ende ward ein Verzeichniß aller Actionarien aufgestellt, nach der Ordnung der Anfangsbuchstaben ihrer Namen, aber gesondert in acht Abtheilungen, nach den Haupttheilen der Stadt. Zur Bequemlichkeit der Verwaltungsbeamten wurden überdies vier besondere Bücher angelegt, für je zwei Stadttheile eins, mit den ebenfalls nach den Anfangsbuchstaben geordneten Namen der darin ansässigen Actien-Eigenthümer. Aus dieser Einrichtung ergiebt sich, daß die Luoghi nicht übertragbar gewesen.

Aber das Uebel war nicht mit der Wurzel ausgerottet. Neue Pfandgläubiger-Gesellschaften wucherten hervor, als die, des h. Paulus, des h. Petrus, Folgen der fortdauernden innern und äußern Noth, vorzüglich der Kriege mit Catalonien, mit Pisa wegen Corsika, und mit Venedig wegen der Niederlassungen im schwarzen Meere. Daher auch neue Auflagen auf Lebensmittel und Handelswaaren, selbst auf den Besitz von Leibeigenen. Da führte im Jahre 1407 der Wunsch, die mit Irrungen verbundene, zusammengesetzte Verwaltung zu vereinfachen, zwar auf die Wiederholung der Maßregel von 1346, aber verbunden mit einer durchgreifenden Umgestaltung des ganzen Verpfändungswesens. Eine außerordentliche Behörde mit ausgedehnter Vollmacht unterwarf alle Schuldverschreibungen und Steuer-Anweisungen einer genauen Prüfung, vernichtete sie sämmtlich, und ersetzte sie durch umgearbeitete neue. Alle bisherige Gesellschaften und sogenannte Compere wurden aufgelöset, mit Abschaffung ihrer Namen, und in eine große Gesammtheit vereinigt, die von dem ihr eingeräumten Geschäftsgebäude Georgsgesellschaft genannt wurde. Die wichtigste Veränderung bestand in der Ermäßigung der Zinsen, deren Sätzen jedoch das Verhältniß der frühern zum Grunde lag. Dafür gewährte der Staat den Luoghi, in welche der Stock der vereinigten Darlehne getheilt wurde, das Vorrecht, nicht mit Beschlag belegt, oder gerichtlich in Anspruch genommen zu werden, außer in Fällen der Mitgift und der Vermächtnisse. Ueber die Besitzer ward in jedem der acht Haupt-Gevierte der Stadt ein Buch geführt. Eben so viele Vorsteher, jährlich aus der Mitte der Gesellschaft gewählt, hatten die oberste Leitung, und die Aufsicht über das Heer von Beamten, welche im ganzen Gebiete des Staats an den einzelnen Zollstätten und Steuerhebungsstellen die Rechte der Gesellschaft wahrnahmen. Ein Ausschuß der letztern von hundert Mitgliedern, ebenfalls jährlich gewählt, hielt, unabhängig von der Regierung, Berathungen, und faßte Beschlüsse. Es ist dieses das einzige Beispiel, daß eine bürgerliche Gesellschaft sich ihres Haushalts gänzlich entäußert hat, und die Inhaber desselben zum Staate im Staate geworden sind. So hoch war deren Ansehn gestiegen, daß alle höhere Regierungsbeamte vor dem Antritte ihres Amts eidlich geloben mußten, die Rechte des heiligen Georg nicht anzutasten. Eine so umfassende Körperschaft, in der sich fast alle wohlhabende Bürger befanden, wie hätte sie, im Gefühl ihrer Stärke, nicht hoffärtig werden, nicht in Reibungen mit der Staatsgewalt gerathen sollen, worin die

Geldmacht der unveränderlichen Gesellschaft gewöhnlich den Sieg über die wechselnden Staatsbeamten davon trug!

Von einer kaufmännischen Bank ist in der dargestellten Verfassung keine Spur zu entdecken; unrichtig ist es daher, den Ursprung der Zettel-Bank von Genua schon in das Jahr 1407 zu setzen. Mehr als hundert Jahre später ist erst eine solche kaufmännische Anstalt damit verbunden worden, auf folgende Veranlassung. Wegen der im Georgsgebäude immer aufbewahrten großen Geldbestände waren alle Sicherheitsmaßregeln getroffen. Zu der Redlichkeit und Geschicklichkeit der Kassen- und Rechnungs-Angestellten herrschte vollkommnes Vertrauen. Da kamen viele Handelsherren, größtentheils zugleich Mitglieder der Gesellschaft, im ersten Drittheile des sechszehnten Jahrhunderts auf den Gedanken, sich das umständliche und lästige Zahlungsgeschäft dadurch zu erleichtern, daß sie eine Geldsumme daselbst niederlegten, womit sie die Georgsbeamten ihre Zahlungen bestreiten ließen. Seit dem Jahre 1531 ward dies weiter ausgebildet: um das Geschäft mehr abzukürzen, fertigten die genannten Beamten einem Jeden über sein Depositum einzelne Anweisungen aus, deren sich dieser als Zahlungsmittel bediente. Der Inhaber, der sie einreichte, erhielt die baare Summe ausgezahlt, die dann in den Büchern von dem Guthaben des Depositarius gelöscht wurde. Eine Zettel-

Bank nach heutiger Verfassung ist jedoch diese Anstalt nicht gewesen, da die Anweisungen blos von einzelnen, namhaft angegebenen Zahlungspflichtigen, noch nicht von einer Körperschaft, ausgestellt, und durch deren Gesammtverbürgung gesichert waren. Es ist aber in dieser mit der Georgsgesellschaft verbundnen Neben-Anstalt der Keim beider Haupt-Arten von Banken zu erkennen.

§. 11.

Bank von England *).

Zur Errichtung dieser größten, umfassendsten aller Geldanstalten haben gegen das Ende des siebenzehnten Jahrhunderts zwei Umstände zusammengewirkt: die Geldverlegenheit der Regierung, und ein steigendes Bedürfniß der Kaufmannschaft.

Sehr oft zu Anleihen genöthigt, kannte die Regierung zu diesem Zwecke kein anderes Mittel, als das sehr umständliche, mit Weitläufigkeit und vielen

---

*) I) 5 and 6 William and Mary, chapter XX: The statutes of the Realm, Vol. VI. N. XVIII seqq. p. 487 seqq.

II) 8 and 9 William III. chapt. XX seqq. l. l. Vol. VII. p. 224 seqq.

III) 7 Anne, chapt. XXX. l. l. Vol. IX. N. I seqq. p. 113 seqq. 130.

IV) A concise and authentic history of the Bank of England. By T. *Fortune*. Second edition. London 1797. Unbedeutend und oberflächlich.

Geschäften verbunden, einzelne Capitalisten aufzusuchen, und mit ihnen über Capital und Zinsen zu verhandeln. Es gab solcher Geldreichen damals in London eine beträchtliche Zahl, die insonderheit mit unverarbeitetem Golde und Silber einen starken Verkehr trieben. Weil der Anfang hierzu von den Goldschmidten gemacht worden, blieb dieser Name den Gold- und Silber-Händlern, auch seitdem sie sich nicht mehr mit der Verarbeitung der beiden Metalle beschäftigen. Der hohe Werth ihrer Handelswaare erfoderte die größte Sorgfalt für die Sicherheit ihrer Wohngebäude, so wie die Anstellung zuverlässiger, geprüfter Dienstleute. Daher fanden die Großhändler vortheilhaft und bequem, Baarschaften daselbst niederzulegen, und ihre Zahlungen verrichten zu lassen, da überdies die Handelsdiener der sogenannten Goldschmidte in solchen Geschäften große Gewandtheit besaßen.

Ohne die Trapeziten des Alterthums, und die Campsoren des Mittelalters vor Augen gehabt zu haben, sind die Englischen und Schottischen Bankhalter jener Zeit auf eben dieselben mannichfachen Wege des Geldverkehrs geführt worden. Der Depositarius gab denen, die Foderungen an ihn hatten, Anweisungen auf seinen Kassenführer. Je nachdem nun die Empfänger es verlangten, zahlte dieser die Summe entweder baar, oder, wenn jene ebenfalls Depositarii waren, schrieb er sie ihnen gut. Wenn für solche Mühwaltung die Entschädigung nicht von Belang seyn konnte, so verstanden die Geldhändler die Kunst, auf andere Weise für sich zu sorgen. Immer im Besitze eines großen Vorraths von fremdem Gelde, konnten sie wagen, Theile davon auf kurze Fristen verzinslich auszuthun. Der Gewinn steigerte die Gewinnsucht: sie wurden auch Selbstschuldner, gegen geringere Zinsen, als sie von den ihrigen nahmen.

Wie sehr aber auch diese Anfänge des Bankwesens dem Gewerbstande zu Statten kamen, so reichten doch im Fortgange der Zeit die Kräfte einzelner Reichen zur Befriedigung der Bedürfnisse der Handelswelt nicht mehr hin, seitdem die Unternehmungen nach Amerika eine so große Ausdehnung gewannen. Der Geldverkehr mit so vielen ward auch immer lästiger. Das dringende allgemeine Verlangen nach einem Zahlungsmittel, das nicht in Anweisungen auf einzelne, namhaft angegebne Zahlungspflichtige bestände, sondern von einer Genossenschaft auf sich selbst ausgestellt und verbürgt wäre, und auch auswärts gebraucht werden könnte, brachte endlich den Plan einer Zettelbank zur Reife, wobei jedoch die Regierung auf halbem Wege entgegen kam. Im Gedränge eines Kriegs mit Frankreich von neuem in Geldnoth, wünschte sie, um des Aufsuchens und Unterhandelns mit einzelnen Capitalisten überhoben zu seyn, die Bildung einer Genossenschaft, mit der sie in Verhältniß träte. Die Verbindung einer solchen mit der erwähnten kaufmännischen war die Aufgabe, gegen die freilich auch manche Bedenken erhoben wurden.

Dem sachkundigen Schottländer William Patterson ward der wichtige Auftrag, den Entwurf zu der doppelten Anstalt auszuarbeiten; wenigstens ist unter einigen andern der seinige von der Mehrheit angenommen worden. Michael Godfrey leistete Hülfe. Betreffend die Eigenschaft der neuen Stiftung als Staatsgläubiger-Gesellschaft, hat die Georgsanstalt im Allgemeinen zum Muster gedient; in Ansehung der Geldgeschäfte ist sie im Großen geworden, was bisher die Goldschmidte im Kleinen gewesen; die Einführung aber der Banknoten nach ihrem heutigen Wesen gehört dem Schöpfer der Bank von England eigenthümlich an. Das Stiftungscapital ward festgesetzt auf anderthalb Millionen Pfund Sterlinge. Es erging eine Auffoderung zu Unterzeichnungen an Alle, welche Theil nehmen wollten, selbst Ausländer nicht ausgeschlossen. Binnen zehn Tagen, vom 21. Junius 1694 an, war die festgesetzte Zahl zusammen: 12000 Einlagen oder Actien, jede von 125 Pfund, übertragbar (assigneable, transferrable), der Besteurung nicht unterworfen.

Gemäß dem doppelten Zwecke der Anstalt zerfiel das angegebne Grundcapital in Ansehung der

Verwendung und Benutzung in zwei sehr ungleiche Theile.

1) Vier Fünftheile, also 1,200,000 Pfund *), machten ein Darlehn aus, das die Regierung mit acht vom Hundert verzinsete: eine befriedigende Nutzung des größern Theils jeder Actie. Gewisse Einkünfte, im Betrage von 100,000 Pfund, wurden ein für alle Mal angewiesen zur Bestreitung der Zinsen und der Verwaltungskosten bis zum Jahre 1705, wo die Schuldsumme zurückgezahlt, und die Gesellschaft der Gläubiger aufgelöset werden sollte **).

2) Ein Fünftheil, 300,000 Pfund, wobei jede Actie mit 25 Pfund betheiligt war, bildeten die Grundlage der Geschäfte einer Bank, wozu die Gesellschaft auf eine bestimmte Zahl von Jahren durch den Charter vom 27. Julius 1694 berechtigt wurde ***). Hauptsächlich sollte diese Summe dazu dienen, die Banknoten, wenn es verlangt würde, zu verwirklichen. In der Ausstellung derselben, wesentlich mit „Indorsement," und mit der Befugniß, Zahlungen darin zu leisten, bestand das wichtigste von den der neuen Anstalt ertheilten Rechten. Sie

*) Vol. VI. p. 487. N. XVIII. et p. 488. N. XX: „Twelve „hundred thousand pounds, parte of the summe of Fifteene „hundred thousand pounds."

**) Ebendaselbst.

***) Abgedruckt bei Fortune, S. 69—128.

sollte aber nicht mehr ausgeben, als ihr gesammtes Capital betrüge. Die Zettel lauteten auf verschiedne Summen, die kleinsten anfänglich auf 20 Pfund. Der ihr zuvörderst gewährte ausschließliche Besitz zweier bereichernden Geschäftszweige mußte vorzüglich die Goldschmidte sehr verletzen: der Handel mit ungemünztem Gold und Silber, und der Disconto sowohl von Wechseln, wobei der jährliche Zinssatz auf sechs vom Hundert bestimmt wurde, als auch von Schatzkammerscheinen. Hierzu kamen noch die beiden Berechtigungen, Darlehne gegen sicheres Unterpfand zu gewähren, und Ländereien zu erwerben, mit der Befugniß, die verfallenen Pfänder, und die Erzeugnisse der ländlichen Grundstücke zu verkaufen. Jeder andere Handel ward ihr dagegen streng untersagt. Die jährliche Dividende von sämmtlichen Geschäften belief sich auf sieben bis acht vom Hundert.

Weit entfernt, jenen Tilgungsplan zur Ausführung bringen zu können, kam vielmehr die Regierung durch kostspielige Kriege öfter in neue Geldnoth, worin sie ihre Zuflucht zur Bank nahm, deren Verkehr großen Gewinn abwarf. Diese leistete dadurch wesentliche Hülfe, daß sie große Summen von Schatzkammerscheinen, die bis dahin, wo sie vom Parlament als Staatsschuld anerkannt wurden, hohe Zinsen trugen, mit einem geringen Abzuge übernahm. Hierzu gehörten aber starke Vorschüsse; eine neue Zahlung an die Regierung von 400,000 Pfund kam hinzu. Mehrmal hatten daher die Actionarien außerordentliche Summen aufgebracht (zusammen 701,171 Pf. 10 Sch.), wodurch im Jahre 1709 das Gesammt-Capital von anderthalb Millionen auf 2,201,171 Pfund, 10 Schillinge, gestiegen war. Welche Hoffnung die Regierung für die Zukunft auf diese Hülfsanstalt setzte, und wie sehr den Eigenthümern derselben in dem kurzen Zeitraume der Muth gestiegen war, erhellt aus dem in dem angegebnen Jahre gefaßten Entschlusse der letztern, durch Verdoppelung der eben genannten Summe die Anstalt sehr zu erweitern, und aus der Bereitwilligkeit jener, dies zu genehmigen, mit der Verlängerung des Privilegii auf 24 Jahre, bis zum ersten August 1733.

2,201,171 Pf. 10 Sch.
2.

4,402,343 Pf.

Zu dem Ende durfte und sollte die erfoderliche Zahl neuer Actien geschaffen werden, jede wieder von hundert Pfund, doch nur mit einem Zuschusse von fünfzehn. Binnen vier Stunden war an dem zur Unterzeichnung anberaumten Tage die Vollzahl erreicht. Die Actionarien ließen sich auch die Herabsetzung der Zinsen für die zweimaligen Darlehne von 1,200,000 und 400,000 Pfund = 1,600,000, von acht auf sechs vom Hundert gefallen.

In der neuern Zeit hat die Bank gegen geringe Vergütung die Verwaltung verschiedner Geldgeschäfte der Regierung übernommen. Sie vermittelt neue Anleihen, und führt darüber die Bücher. Zu bestimmten Zeiten übersendet ihr die Finanzbehörde die Zinsen, die sie an die Gläubiger auszahlt; daher die Redensart: „sein Geld in der Bank haben.“ Sie unterhält auch ein Giro-Comtoir zur Bequemlichkeit der großen Handelshäuser.

Nach mehrmal wiederholten Verlängerungen des Freibriefs, ist die letzte bis zum Jahre 1855 bestimmt worden.

§. 12.

Einstmalige, von Law veranstaltete Bank von Frankreich *).

Auch in Schottland bestanden jene von den Griechisch-Römischen und den Italienischen Wechslern angegebnen Geldgeschäfte, und befanden sich ebenfalls in den Händen der sogenannten Goldschmidte. Dadurch war Wilhelm Law in Edinburg

---

*) *Thiers:* Law, et de son système de finances: Encyclopédie progressive. Paris 1826. p. 49—128.

Dutot Réflexions politiques sur le commerce et les finances. A la Haye 1738.

Savary: Dictionnaire universel de commerce: A Amsterdam 1726. T. I. p. 236—260.

Mémoires du duc de *Saint Simon.* Nouvelle édition. Paris 1840. T. XXVI. p. 144 seqq — XXIX. 186. 207 — XXXI. 188. — XXXII 11 145. — XXXIII. 48. 108. 156 253. — XXXIV. 14. 99.

zum reichen Manne geworden. Sein Sohn Johann, geboren 1671, hatte zwar die Neigung dazu vom Vater geerbt; aber ein Mann von Geist und kühnen Bestrebungen, begnügte er sich nicht mit dem Betriebe so kleinlicher Dinge, und mit der Bewegung in einem so beschränkten, einfachen Umkreise. Auf eine wissenschaftliche Behandlung, auf die Ausführung im Großen, war sein Augenmerk gerichtet. Lehrreich ward ihm ein längerer Aufenthalt in London und Amsterdam, wo er sich von der eigenthümlichen Einrichtung und dem Triebwerke der beiden Banken genaue Kenntniß erwarb. In der letztern fand er eine Anstalt, die bei ihrer großen Wichtigkeit sich doch nur auf einen einzigen Handelsplatz beschränkte. Ausgedehnter war allerdings der Wirkungskreis der Bank von England; ihrem Wesen nach reichte jedoch ihre Wirksamkeit nicht über die Gränzen der Handelswelt. Da reifte in ihm der riesenhafte, sehr zusammengesetzte Plan einer verwandten Anstalt, die sich über ein ganzes Reich erstrecken, und die gesammte öffentliche Wirthschaft desselben umfassen sollte. Von dem kühnen Bau, den der begabte Mann im Gedanken aufführte, ist Folgendes ein Umriß.

Die erste Anregung scheint von der eben damals in England errichteten, sogenannten Südseegesellschaft ausgegangen zu seyn, deren Verfassung also auf das Werk des berühmten Schottländers einiges Licht werfen kann. Die Bank war nicht einziger Gläubiger des Staats. Seit früherer Zeit lasteten auf ihm viele Schulden, die nach der oben angegebnen umständlichen Weise bei einzelnen Capitalisten aufgenommen worden. Nach dem Beispiele der Bank wurden diese im Jahre 1711 in eine Gesellschaft vereinigt, die einzelnen Darlehne in ein Gesammt-Capital zusammengezogen, im Betrage von 9,471,325 Pfund, und anfänglich mit 6 vom Hundert verzinset. Um noch viele andere Reiche zum Beitritte aufzumuntern, verlieh die Regierung, wie der Bank, so auch dieser Gesellschaft, gewisse sogleich anzugebende Handelsberechtigungen. Ungeachtet sie nun für solche spätere Darlehne nur 5 vom Hundert bewilligte, stieg doch das allgemeine Capital auf mehr als 30 Millionen Pfund. Bei dem sinkenden Zinssatze hat die Regierung seit 1727 nur 4 %, und seit 1748 nur 3 angeboten: das sind die „herabgesetzten Stocks." — — Der Name Südseegesellschaft, schon längst ohne alle Bedeutung, ist dieser Capitalistenverbindung auf folgende Veranlassung beigelegt worden. Bekanntlich heißt das große Meer zwischen Asien und Amerika Südsee. In dem Handel nach den dortigen Küsten und Inseln, hauptsächlich zur Belebung des Fischfangs, bestand die eben nicht gediegene und lockende Grundlage der dem Staatsgläubiger-Verein ertheilten Berechtigungen. Mehr ansprechen konnte die hinzukommende ausschließliche Einfuhr von Stab-Eisen aus Spanien. Der Freiheitsbrief ist vom 8. September 1711 *). Doch hatte kein Zweig des Verkehrs sonderlichen Fortgang; weshalb die Regierung bald auf eine andere Entschädigung dachte. In dem Friedensschlusse zu Utrecht im Jahre 1713 hatte die Englische Regierung der neu gegründeten Spanischen das Recht abgenöthigt, mit Ausschlusse anderer Völker jährlich 4800 Afrikanische Neger in die Spanisch-Amerikanischen Colonien einzuführen, und dies dreißig Jahre fortzusetzen: der berüchtigte, absichtlich nur schlechthin sogenannte „Vertrag," Assiento.

So hatte Law zwei Gesellschaften von Staatsgläubigern und zugleich Handelsleuten vor Augen, die Actionarien der Bank, und die Mitglieder des Südseehandels. Auch die Berücksichtigung der staatswirthschaftlichen Mißgeburt von Genua mag er nicht verschmäht haben. Die in deren Händen befindlichen Steuern bestanden fast ohne Ausnahme in mittelbaren. Ihrem Wesen nach sind solche nicht unmittelbar und ohne Weiteres auf den besteuerten Gegenstand gelegt, sondern an Bedingungen gebunden, deren gänzliche Erfüllung nicht mit Sicherheit voraus bestimmt werden kann; weshalb sich bei Veranschlagung des Ertrags nur eine muthmaßliche Summe aufstellen läßt. Des letztern Umstandes wegen hatte die eben

---

*) 9 Anne (a. 1710) chapt. XV. §. 29. l. l. Vol. IX. p 436 sqq
10 Anne (a 1711) chapt. XXXVII. ibid. p. 705. 706.

so ungeschickte als gewissenlose Finanzverwaltung in mehrern Ländern die Hebung an Privatgesellschaften, Christliche und Jüdische, verpachtet, um so mehr, da die Vorausbezahlung beträchtlicher Summen zur Bedingung gemacht worden. Was ging sie das Volk an, das der gierigen Willkühr und Habsucht Preis gegeben war!

Die Achse, um die sich Law's zusammengesetztes Werk bewegte, war eine Bankanstalt, unternommen zwar von Privat-Capitalisten vermittelst Actien, in so fern aber eine Staatsbank, als ihr die Bürgschaft der Staatsregierung zur Stütze dienen sollte. — 1) Sie sollte im Großen seyn, was die Bank von England im Kleinen, und zwar zuvörderst und hauptsächlich in Ansehung der Papierzahlungsmittel, welche sie ausstellte, und jedem Inhaber, auf Verlangen, gegen baares Geld wieder abnähme, die aber, was bei den Banknoten nicht der Fall war, vom Staate dadurch beglaubigt, daß sie in den öffentlichen Kassen angenommen würden. Für sich und einseitig betrachtet, erschien dieser Theil des Entwurfs allerdings in günstigem Lichte: ohne Kosten wäre eine große Vermehrung der Zahlungsmittel bewerkstelligt worden; der erleichterte und schnelle Umlauf hätte den Unternehmungsgeist geweckt, die Betriebsamkeit befördert, und die Staats-Einkünfte vermehrt. — 2) Gleich der Bank von England, sollte die Reichsbank zuvörderst eine Leih-Anstalt seyn, die auf sicheres Unterpfand Darlehne gewährte, und dem Wucher steuerte: der erste von ihren Erwerb-Zweigen. — 3) Nach dem Beispiel der Südseegesellschaft wollte Law mit seiner Anstalt den Handel in entfernte, außer-Europäische Länder verbinden, und durch reichen Gewinn ihren Credit befestigen. — 4) Der Entwurf verräth auch, wenigstens in der spätern Ausdehnung, Spuren von Einfluß der Georgsbank. Nicht als Pfandschaften, sondern nur als Pachtungen, sollten freilich die mittelbaren Steuern an die Anstalt übergehn, damit die Bedrückungen und Erpressungen der Finanzpächter wegfielen; im Hintergrunde aber ist ziemlich deutlich der Gedanke wahrzunehmen, das ganze Staatsschulden- und Steuer-Wesen an die Anstalt zu bringen, sie zum einzigen Staatsgläubiger zu machen. — Ihr Sitz und Mittelpunkt konnte nur in der Hauptstadt seyn, aber mit Comtoirs in allen bedeutenden Städten der Provinzen.

Verwirklichung also von Papierzahlungszetteln, Leihhausgeschäfte, Waarenhandel, Steuerhebung, Berechnung und Vertheilung der Dividende, Abrechnungen mit der Finanzbehörde: ein so zusammengesetzter, fast unübersehbarer Plan mußte allerdings den meisten, denen er vorgelegt wurde, abenteuerlich vorkommen, und der Urheber als Schwindler erscheinen. Aber mit dem Selbstvertrauen und der Beharrlichkeit eines Colombo machte Law einen Rundgang durch England, Frankreich, Piemont und Oesterreich. Begreiflich ward er überall abgewiesen. Endlich fand sich ein hochgestellter Mann, den Kühnes und Außerordentliches ansprach, der Herzog Philipp von Orleans, Reichsverweser von Frankreich während der Minderjährigkeit Ludwigs des Fünfzehnten. Zum zweiten Male begab sich Law dahin, und legte seinen Plan dem Herzoge vor. Aber selbst dieser, bedenklich gemacht durch die Einwendungen fast Aller, die er zum Gutachten aufgefodert, namentlich des Herzogs von Noailles, nahm Anstand, in den Plan *nach dessen ganzem Umfange einzugehn; sondern* er genehmigte, unter dem 2. Mai 1716, und dem 10. April 1717, blos eine Disconto- und Leih-Anstalt, doch mit dem wichtigen Rechte, Zahlungszettel auszugeben, au porteur, und mit Verwirklichung. Als Reichsbank wurde sie zwar nicht genehmigt, sondern nur als Privatbank; der Herzog erklärte sich aber zum Protector; und eine noch wichtigere Vergünstigung war es, daß die Bankzettel dem nach einem bestimmten Münzfuße ausgeprägten Metallgelde gleich, in den öffentlichen Kassen angenommen wurden.

Den Anfang der Geschäfte machte der rüstige Mann mit seinem eigenen, ansehnlichen, theils ererbten, theils im Spiel erworbenen Vermögen. Als in so beschränktem Umfange die Ausführbarkeit des Werks einleuchtete, wurden viele Capitalisten aus anfänglichen Zweiflern und Gegnern eifrige Anhänger und Theilnehmer. Nun wurde eine Gesellschaft gestiftet, mit einem Grundcapital von sechs Millionen Livres, getheilt in 1200 Actien, jede von 5000 Livres. Nicht Maß halten zu können in dem Ausgeben von Bankzetteln, muß eine bei der Bankführung unvermeidliche Krankheit seyn. Auch der Stifter der neuen Bank wurde bald davon befallen. Seine Zettel lauteten größtentheils auf hohe Summen. Hiervon dieses Beispiel: N. . . Cent écus „d'espèces. — La banque promet payer au por„teur à vûë Cent écus d'espèces du poids et „titre de ce jour. Valeur reçûë à Paris le . . . „de . . . 1717." Da wegen dieses Umstandes die Bankzettel fast nur unter den Großhändlern und Reichen umliefen, so konnte jeder zeitige Inhaber seinen Namen auf die Rückseite setzen, wie dies von den frühern Englischen angeführt worden. Hierdurch gewann das Papier vieles Vertrauen, da nun Jeder in den Stand gesetzt war, sich an seinen Vormann zu halten. Ja es ward bald sehr gesucht, und dem wirklichen Gelde häufig vorgezogen, weil es sich bequem aufbewahren, und mit Leichtigkeit und Sicherheit versenden ließ. Jedermann mußte aber, wegen der großen, im ganzen Reiche verbreiteten Menge, auf die Vermuthung kommen, daß das Verhältniß zum Stiftungscapital weit überschritten sei.

Nicht zufrieden mit dem Gewinne, den der

Verkehr vermittelst eines großen Theils selbst gemachten, mit einem Federstrich hervorgebrachten Geldes abwarf, trachtete Law nun nach Waarenhandel und Schifffahrt, als einem Theile seines großen Entwurfs. Sein Bank-Privilegium erstreckte sich hierauf nicht. Wenn also die zu errichtende Handelsgesellschaft für sich bestehn mußte, so konnte sie doch wenigstens mit der Bank in genaue Verbindung gesetzt werden. Ein Französischer Reisender, der Ritter Lassalle, hatte am Nieder-Missisippi ein großes Land entdeckt, und dasselbe, da es noch von keiner Europäischen Macht besetzt war, für sein Vaterland in Beschlag genommen, es auch, nach dessen Könige, Louisiana genannt. Die Regierung konnte nur geringe Kräfte auf die Erwerbung verwenden: sie rüstete einige Schiffe aus, die sie mit Kriegsbedürfnissen versah, und veranstaltete die Anlegung einiger festen Plätze; die kaufmännische Benutzung überließ sie einer Privatgesellschaft, mit dem Handelshause Crozat an der Spitze. Hier eröffnete sich für Law die Aussicht, einen wesentlichen Theil seines allgemeinen Plans, Seehandel in ferne Länder, zur Ausführung zu bringen, wenn auch nicht in folgerechter Einheit; und von der Crozatschen Gesellschaft das Privilegium abgetreten zu erhalten, fiel nicht schwer, wegen des bisherigen geringen Erfolgs. Jetzt wollte er aber höher hinaus, als ursprünglich; es war nicht blos auf die Nachbildung der Englischen Südsee-

Gesellschaft, sondern auch auf die, der dortigen Ost-indischen, abgesehn, wie sich diese schon zu entwickeln anfing. Der West-Indischen Handelsgesellschaft, mit der er im August 1717 auftrat, verschaffte er das Waffenrecht, die landesherrliche Gerichtsbarkeit, den Bergbau, und zu den frühern Handelsrechten den ausschließlichen Verkehr mit Biberfellen aus dem benachbarten Canada. Ihr Stiftungscapital wurde auf nicht weniger als hundert Millionen Livres festgesetzt, getheilt in 200,000 übertragbare Actien, jede von 500 Livres.

Wodurch mag es ihm gelungen seyn, von dem Herzoge Regenten solche Vergünstigungen zu erlangen, und, was noch viel mehr ist, wie kann ein so verständiger Mann den tollkühn scheinenden Gedanken gefaßt haben, eine so überschwengliche Summe aufzubringen? Durch eine und dieselbe Maßregel hat er beide Räthsel gelöset, und zugleich die Errichtung einer Gesellschaft von Unternehmern des gesammten Staatsschuldenwesens, den Schlußstein seines Gothischen Finanzgebäudes, vorbereitet. Immer deutlicher tritt der große Staatsrechenkünstler hervor: wenn er nur nicht zuletzt an Klippen geräth, und scheitert! — Durch die Kriege Ludwigs des Vierzehnten war über Frankreich eine unermeßliche Schuldenlast gehäuft worden, noch zuletzt durch den Spanischen Erbfolgekrieg, der auch für den öffentlichen Haushalt von England und Oesterreich die verderblichsten Folgen gehabt hat. Wenn es auch eine unverbürgte Annahme ist, nach welcher die damalige Französische Schuld auf mehr als 1400 Millionen Livres geschätzt wurde, so erregt sie doch einen allgemeinen Eindruck von der ungeheuern Größe. Gegen 1200 Millionen waren vermittelst der damals gewöhnlichen einzelnen Rentenkäufe aufgebracht. Ueber den kleinern Theil, ungefähr 250 Millionen, waren Staatszettel ausgefertigt, und, mit vier vom Hundert verzinset, au porteur in Umlauf gesetzt, deren Börsenpreis aber bis auf dreißig, ja bis auf zwanzig, gesunken war. Da eröffnete Law dem Herzoge die Aussicht auf einen Weg, auf welchem zuvörderst wenigstens diese 250 Millionen aus dem Umlaufe gezogen, an die zu gründende Handelsgesellschaft gebracht, und die Zinsen auf drei vom Hundert herabgesetzt werden könnten, und der zugleich viele Capitalisten, Inhaber von Staatszetteln, reizen mußte, an der Gesellschaft Theil zu nehmen. Er machte nämlich bekannt, daß die Kaufsumme einer Actie der West-Indischen Gesellschaft zu dreien Vierteln in Staatszetteln nach dem Nennwerthe, und nur zu einem in Metall, erlegt werden könnte. Das lockte freilich den Regenten, wie die Capitalisten: jenen, weil dadurch vorläufig 75 Millionen Staatszettel außer Umlauf gesetzt, deren Zinsen nun an die Gesellschaft, zur Vertheilung unter die Mitglieder, verabfolgt wurden; diese: drei Viertel einer Actie, = 375 Livres, kaufte man, zu einem Curs von etwa 25, mit . . . . . . 93 3/4.

dazu baar . . . 125.

218 3/4.

Mit einer solchen Kleinigkeit ließ sich der Versuch wohl machen. Auch die Bank betheiligte sich mit einer beträchtlichen Zahl von Actien. Die Gesellschaft hatte Fortgang.

Aber nicht volle drei Jahre hat das goldne Zeitalter beider verschwisterten Anstalten gedauert; denn weder Law, noch der Herzog, konnten das Glück des Erfolgs ertragen. Der Wendepunkt beider bis dahin anerkannt nützlichen Unternehmungen begann bei der Bank. Ohne die Grundfeste jeder Geldanstalt, das öffentliche Vertrauen, zu bedenken, erklärte der Herzog unter dem vierten December 1718 die Bank zur königlichen und Reichs-Bank, also zum Eigenthum des Staats, und ernannte Law zum Director. Demnach wurden die Einlagen der bisherigen Eigenthümer zurückgezahlt, und ihre Gesammtverbürgung fiel weg. Was diese ersetzen sollte, fehlte: Vertrauen auf die Gewissenhaftigkeit und Zahlungsfähigkeit des neuen Eigenthümers. Dagegen die erschreckende Wahrnehmung der Unzahl von Bankzetteln, mit denen nun das Land überschwemmt wurde; wenn auch die Summe von 110 Millionen, zu welcher man sie schon im Frühjahre 1719 annahm, übertrieben gewesen. — Aus Mitleidenheit kränkelte nun auch die Handelsgesellschaft. Die Actien fielen bis auf 60. Gleich dem leidenschaftlichen Spieler, griff Law zu einem verzweifelten Mittel. Mit verführerischer Zuversicht behauptete er gegen die vielen Reichen und Großen, mit denen er in Berührung kam, es würden ganz nahe bevorstehende Umstände den Curs bald auf 100 heben; und um zu zeigen, wie gewiß er seiner Sache sei, schloß er mit ihnen Verträge, worin er sich anheischig machte, ihnen an einem bestimmten Tage 200 Actien zum Nennwerthe abzunehmen, und den Unterschied vom zeitigen Marktpreise, nämlich 40, auf der Stelle als Angeld vorauszuzahlen. Wer hätte nicht eingehn sollen! Eine Zeitlang wirkte dieses der Sache gebrachte Opfer günstig auf den Curs.

Durch erweiterten Umfang des Geschäftskreises der Handelsgesellschaft ihre Kräfte und ihren Credit zu vermehren, danach trachtete der unerschöpfliche Geist des merkwürdigen Mannes. Es hatten bisher für den Handel nach Asien zwei Gesellschaften in Frankreich bestanden, eine seit 1664 nach Indien, die andere seit 1713 nach China, beide jedoch ohne sonderlichen Eifer und Erfolg. Law wußte im Mai 1719 von beiden die Berechtigung käuflich an sich zu bringen, und stiftete aus ihnen, verbunden mit der bisher nach West-Indien handelnden, eine allgemeine Indische. Doch blieb der Name Missisippier, von dem Stamme hergenommen, der herrschende. Zur Erwerbung der beiden Privilegien, und zu der sehr bedeutenden Erweiterung der Handelsunternehmungen mußten neue Actien geschaffen werden. Vielen, die da reich werden wollten, gebot wiederum das Selbstvertrauen des Mannes, die Sicherheit, mit der er seine Sache angriff. Zwei Mal setzte er 100,000 neue Actien in Umlauf, jede zu 500 Livres, beide Mal aber mit einer Bedingung, wodurch der Curs der alten gehoben werden sollte. Wer nämlich als Käufer sich meldete, mußte nachweisen, Eigenthümer von alten Actien zu seyn, und zwar das erste Mal von vier, das zweite von fünf.

Den Grundriß des Werks von Law bildete ein Ganzes, dessen Theile in einander griffen, und sich gegenseitig unterstützten. Keinen davon ließ der Urheber fallen. Jetzt kam die Reihe an die Steuerpachtungen. Der Bank konnte er dieselben nicht zuwenden, da sie Staats-Eigenthum war; also machte er Anstalt dazu für die Handelsgesellschaft. Freilich hatten die Pächtergesellschaften durch ihre Raubgier den allgemeinen Haß auf sich geladen; ihr jährlicher reiner Gewinn wurde auf 15 Millionen Livres angeschlagen; dennoch durften wohlerworbene Rechte nicht gekränkt werden. Aber von Law bewogen, erließ der Herzog unter dem 27. August 1719 den Befehl, den mit den Haupt-Unternehmern, den Brüdern Paris geschlossenen Vertrag aufzulösen, und die Handelsgesellschaft in deren Stelle einzusetzen, die sich mit den Pächtern abzufinden hätte. Von nun an der Mann des Herzogs, ward Law General-Controleur der Finanzen, und da diese hohe Stelle nur von einem Katholiken bekleidet werden konnte, trug der Schottische Presbyterianer kein Bedenken, zu dieser Kirche überzutreten. Immer mehr stieß er ab durch Ehrgeiz und Kälte.

Wohin sollten nun die vielen Geldreichen mit den Capitalien, die sie in den Steuerpachtungen angelegt gehabt hatten? Nothgedrungen wandten sie sich zu den Mississippiern. Was aber dadurch in deren Kasse floß, waren doch nur Tropfen, die in Vergleichung mit dem ungeheuern Bedarf wenig in Betracht kamen. Auch die beschlossene Zahl der neuen Actien kam bei weitem nicht zu Stande. Der Betrieb so weit aussehender Handelsunternehmungen, zu denen die Actien großentheils in einem nur mit drei vom Hundert verzinseten Papier eingezahlt worden, und von denen noch kein Gewinn erwartet werden konnte; die Auszahlung der Actionarien der Bank; die Auszahlung der Steuerpachtungsgesellschaften; der entstehende Andrang an der Verwirklichungskasse der Bankzettel: solcher Ueberlast mußte der Stärkste erliegen. Mit Bedauern sieht der theilnehmende Zuschauer einen Mann, der mit solchem Scharfsinn neue Bahnen im Finanzgebiete gebrochen, zuletzt alle Haltung verlieren, und auf Abwege gerathen. Obgleich die übermäßige Zahl von Bankzetteln großes Mißtrauen erregte, und die Verwirklichung schon zu stocken anfing, griff er doch zu dem ausschweifenden Mittel, sie ins Unermeßliche zu vermehren, wovon die Vertheurung der Lebensmittel eine drückende Folge war. Schlag auf Schlag erfolgten die empörendsten herzoglichen Verordnungen, die, an Statt die Geltung des zweideutigen Papiers zu sichern, nur zusammenwirkten, um dasselbe in größern Verruf zu bringen. Denn seit der unter dem 28. Januar 1720 erlassenen gesetzlichen Verfügung, die ihnen einen gezwungenen Curs zum Nennwerthe beilegte, gingen sie schnell auf die Hälfte herab. Eine verderbliche Agiotage konnte nicht ausbleiben. Schon unter dem 23. und 25. Februar desselben Jahrs wollte die Regierung den Gewerbstand zwingen, Metallgeld nur bei kleinen Zahlungen, unter 100 Livres, zu gebrauchen, bei allen großern aber schlechterdings Bankzettel. Darin lag, daß nun auch die Bank nur Zettel von und unter 100 L. zu verwirklichen brauchte. Noch nicht genug. Es ward streng befohlen, Niemand sollte mehr, als 500 Livres baares Geld verbergen. Wer Uebertretungen anzeigte, sollte eine Belohnung erhalten. Dienstboten traten als Angeber auf gegen die Herrschaft, Söhne gegen die Väter. Selbst gegen Einzelne verübte Law Gewaltstreiche. Dem Irländer Cantillon, Haupte eines Wechselhauses zu Paris, das sehr bedeutende Geschäfte machte, und seine Eifersucht erregte, schrieb er: „ich werde Euch noch

„diesen Abend in die Bastille schicken, wenn Ihr mir „nicht das Wort gebt, binnen zwei Mal vier und „zwanzig Stunden das Reich zu verlassen*)."

Das Gebäude war untergraben. Der letzte Gewaltstreich aber, der den Einsturz herbeiführte, ist dem Herzoge nicht von Law, sondern von dessen Gegnern eingegeben worden: der Erlaß vom 21. Mai 1720, der den Nennwerth der Bankzettel gesetzlich auf die Hälfte bestimmte. Wegen der gewaltigen, allgemeinen Empörung fand sich die Regierung schon nach sechs Tagen bewogen, den Befehl zurückzunehmen. Aber zu spät. Der Bankbruch war nicht mehr zu verbergen. Um der Volkswuth auszuweichen, mußte der Mann, der ganz Frankreich in Bewegung gesetzt hatte, landflüchtig werden. Er rettete sich mit 800 Louisd'or nach Brüssel, und ging unter in Vergessenheit.

Aber Law hat nicht umsonst gelebt. Hundert Jahre nach ihm ist der glücklichste seiner Gedanken in Oesterreich wieder aufgefaßt, und mit dem besten Erfolge zur Ausführung gebracht worden.

---

*) Biographie universelle, ancienne et moderne. T. soixantième. A Paris 1836, p. 122.

§. 13.

Vormalige Wiener Stadtbank. Jetzige Oesterreichische National-bank *).

Daß in Oesterreich die Anträge Laws nicht angenommen worden, ist nicht zu verwundern; denn die Regierung daselbst hatte eben, seit 1703, eine Anstalt eingerichtet, die durch Wechsel-Disconto und Ausstellung von Papierzahlungsmitteln den zerrütteten wirthschaftlichen Zustand verbessern sollte. Es wurde zwar eine Anzahl von Privatpersonen als Mit-Unternehmer zugelassen, die Anstalt also auf Actien gegründet; bei weitem aber den größten Theil davon, vier Millionen Rheinischer Gulden, nahm die Regierung, wozu Böhmen zwei Millionen beitragen sollte, Ungarn anderthalb, Oesterreich eine halbe. Schon der Umstand bezeichnet die neue Bank als eine Staatsanstalt, daß, mit Ausschlusse der Privat-Actionarien, die Verwaltungsbeamten nur von der Regierung angestellt wurden. Der Disconto ward ihr als ausschließliches und Zwangs-Recht verliehn.

*) „Ordnung des zu Wien eingeführten und eröffneten sogenannten Banco del Giro," vom 15. Jun. 1703: in v. Guarient Codex Austriacus, P. II. p. 81—85.

Patent vom 26. Februar 1810.

Finanz-Patent vom 20. Februar 1811.

Bekanntmachung der k. k. Einlösungs- und Bankzettel-Tilgungsdeputation vom 27. Februar 1811.

Finanz-Patent, und Bank-Patent, beide vom 1. Jun. 1816.

Die auszustellenden Bankzettel sollten unverweigerlich Jedem auf Verlangen verwirklicht, auch in allen öffentlichen Kassen angenommen werden. So oft an baarem Gelde so viel vorräthig wäre, daß, zum Behufe der Verwirklichung, der zehnte Theil der auf die Hypothek des Stiftungscapitals umlaufenden Zettel gedeckt wäre, sollte vom Ueberschuß eine Dividende Statt haben.

Aus diesen Festsetzungen erhellt hinlänglich, daß die ehemalige Wiener Bank von Anbeginn eine Zettelbank gewesen ist. Wenn sie gleichwohl in der Stiftungsurkunde eine Girobank genannt, und sogar mit denen von Venedig, Amsterdam, Hamburg und Nürnberg zusammengestellt wird, so ist letzteres ganz irrig, und jenes uneigentlich, und auf einem kaufmännischen Sprachgebrauche beruhend. Die Zettel nämlich waren nicht streng au porteur, sondern blos übertragbar, gleich den damaligen der Bank von England. Daher die Benennung girirte Bank-Assignationen, wie: girirte Wechsel. Giro-Assignationen und Banknoten sind auch in der erneuerten Stiftungsurkunde der Preußischen Bank gleichbedeutende Ausdrücke *).

Die Bank erweiterte sich in der Folge zur Anleihe-Bank. Sie bewilligte erhebliche Zinsen, und

---

*) Reglement der königl. Giro- und Lehn-Banquen vom 29. Oktober 1766. Art. 11: Mylius, corp. const. March. IV. 595.

ihr Credit stand fest: daher wurden beträchtliche Summen, auch von Ausländern, bei ihr belegt, gegen Schuldverschreibungen. Aber „in großen Pallästen „wohnen große Sorgen“: dies hat das mächtige Oesterreich oft erfahren; und im übermächtigen Gedränge von Sorgen wankt auch der mannhafteste Führer der öffentlichen Sache. Im Oesterreichischen Erbfolgekriege griff die Finanzbehörde zu einer unmäßigen Vermehrung der Banknoten. Es gingen auch mit der ganzen Anstalt manche Veränderungen vor. Darauf erhob sich von Westen herüber der ewig denkwürdige Weltsturm. Mit dem einheimischen Papier ließ sich der Krieg außerhalb Landes nicht überall führen. Große Bestürzung verursachte der landesherrliche Befehl vom 19. Januar 1794, welcher den Bankgläubigern den Zwang auferlegte, auf je Hundert noch Dreißig darzulehnen, widrigenfalls sie ihres Capitals verlustig gehn sollten. Dieses Nothmittel beschönigte man mit der Benennung: die Anleihen arrosiren, anfeuchten. Nun war der gute Ruf der Bank unwiederbringlich dahin.

Unter den härtesten Schlägen und heftigsten Erschütterungen, die nun erst erfolgten, verlor Oesterreich nicht den Glauben an sich selbst, wenn es sich auch zu einigem Durchgreifen entschlossen hat. Gewisse Zwangsmaßregeln, um den öffentlichen Haushalt zu verbessern, können hier unerwähnt bleiben, weil sie nicht im Bereiche der Geschichte der Bank liegen. Das dringendste Bedürfniß bestand darin, das Land von einem Zahlungsmittel zu befreien, das fast keins mehr war, weil selbst der Schatten von Hypothek wegfiel. Aber wie sollte es eingezogen werden? Es kam ein Mittel in Vorschlag, das an gewisse Maßregeln Josephs des Zweiten erinnert: die Geistlichkeit sollte ihre Güter zum Opfer bringen. „Wir bestimmten uns zu diesem Schritte,“ so heißt es in dem landesherrlichen Erlaß, „nach „dem allgemein als rechtskräftig anerkannten, und von „uns und unsern glorreichen Vorfahren in mehrern „einzelnen Fällen befolgten Grundsatze, daß das geist„liche Vermögen den Vorkehrungen des Staats un„terliege.“ — Zum Unterhalte der Geistlichkeit, und zu den Bedürfnissen des gesammten Kirchenwesens sollten die erfoderlichen Summen aus dem öffentlichen Einkommen angewiesen werden. Der eigentliche Plan ging dahin, die Güter zu verkaufen, und den Erlös zur Tilgung des Papiers anzuwenden. Da dies aber weit aussehend, und eine schnelle Abstellung des unbeschreiblichen Papier-Unfugs dringend war, so wurde im Februar 1810 folgende Veranstaltung getroffen. Unter dem Namen Einlösungsscheine sollte ein neues Papier ausgegeben werden, dem die Güter der Geistlichen zur Hypothek dienten; wobei es freilich darauf ankam, ob die Abschätzung dieser Güter einen Werth von 1060 Millionen ergeben würde, als zu welchem die Summe der umlaufenden Bankzettel jetzt angegeben wurde. Diese letztern sollten nun sämmtlich an eine dazu einzurichtende Kasse abgeliefert, und dafür jene Scheine verabfolgt, die Bankzettel aber nur nach dem jedesmaligen Curs angenommen werden, doch nicht unter einem Drittel ihres Nennwerthes. Vermittelst einer zu bewerkstelligenden Tilgungsanstalt sollte dann jährlich ein Theil der Einlösungsscheine vernichtet werden. Zur Verwaltung dieser schwierigen und verantwortlichen Geschäfte wurde, mit der Benennung: „vereinigte Einlösungs- und Tilgungs-„Deputation“ eine besondere Behörde eingesetzt, bestehend aus Mitgliedern theils der Stände aller Landschaften, theils der Kaufmannschaft.

Ein Jahr verging unter Bewegungen und lebhaften Aeußerungen über eine das Innerste des bürgerlichen Lebens berührende Veränderung. Begreiflich war auch die Geistlichkeit sehr aufgeregt. In der ersten Hälfte des Monats März 1811 stieg in ganz Oesterreich die Spannung auf das Höchste. Die Nachricht verbreitete sich, eine landesherrliche Verfügung sei von vereideten Setzern und Druckern bei verschlossenen Thüren gedruckt, und versiegelt an alle Behörden des Reichs versandt worden, mit dem Befehl, überall am 15. März, Morgens um sechs Uhr, in Gegenwart von Zeugen, das Schreiben zu entsiegeln, und die inliegende Verfügung durch öffentlichen Anschlag zur allgemeinen Kenntniß zu bringen: Anordnungen, die offenbar den Klauen der Wucherer wehren sollten. Der verhängnißvolle Tag erschien. Die Verfügung, erlassen am 20. Februar, lautete dahin: vom Tage der Bekanntmachung an sind alle Bankzettel herabgesetzt auf den fünften Theil des Nennwerthes. Nach diesem Werthe bleiben sie im Umlaufe bis zum letzten Januar 1812, und werden nach eben demselben in diesem Zeitraume gegen Einlösungsscheine eingezogen, doch auch in den öffentlichen Kassen noch angenommen. Demnach sind die Einlösungsscheine vom ersten Februar 1812 an das einzige Papierzahlungsmittel. — Hierdurch wurde allerdings die Heilung des Krebsschadens der Bankzettel sehr erleichtert: an Statt 1060 Millionen brauchten nur 212 getilgt zu werden. Auf diese letztere Summe beschränkte sich auch die Verfertigung von Einlösungsscheinen. — — Einen ungünstigen Eindruck brachte dieses nachdrückliche Verfahren eben nicht hervor; denn die Unmöglichkeit sowohl des Steigens der Bankzettel zum Pari, als des Einziehns derselben zum vollen Werthe vermittelst der Einlösungsscheine, mußte Jedem einleuchten. Durch jene ein Jahr vorher erlassene Bestimmung, die Bankzettel nach dem jedesmaligen Curs, doch mindestens zum dritten Theile des Nennwerthes, gegen Einlösungsscheine umzutauschen, war man auch schon vorbereitet. Die Volksstimmung unter dem Kaiser Franz war eine andere, als die, unter dem Herzoge Philipp von Orleans.

Es kamen die thatenreichen Jahre 1813—1815, wo für Europa ein neues Zeitalter aufging, und auch das standhafte Oesterreich sich selbst wieder gegeben wurde. Mit Freudigkeit begann hier die Regierung, das lange gefährdete öffentliche Wohl wieder zu befestigen; der Staatshaushalt und das Geldwesen gehörten zu den ersten Gegenständen ihrer Sorgfalt. Was oft ein Jahrhundert nicht vermag, bewirkten hier wenige Jahre: veränderte Umstände bewogen zur Verwerfung des frühern Plans. Die Bedenklichkeiten und Vorstellungen gegen die Verpfändung und den nachmaligen Verkauf der geistlichen Güter fanden Eingang. Der wiederbelebte vaterländische Muth führte auf neue Bahnen. Im Hintergrunde ist der Gedanke Laws nicht zu verkennen, die Schulden des Staats, ihre Verwaltung und allmählige Tilgung, an eine vorberechtigte Gesellschaft zu bringen.

Das in Wien errichtete Finanzgebäude, das am ersten Junius 1816 unter dem Namen Oesterreichische Nationalbank zur öffentlichen Kenntniß gebracht wurde, unstreitig eins der zusammengesetztesten und künstlichsten, ist unter großen Schwierigkeiten zu Stande gebracht worden, und hat sich nun seit einer Reihe von Jahren bewährt. Der Umriß desselben soll hier zuvörderst nach den gesetzlichen Bestimmungen der beiden kaiserlichen Erlasse vom genannten Tage und Jahre entworfen werden; dann die spätern Abänderungen in einzelnen Theilen. Die an die Stelle der bisherigen sogenannten Wiener Stadtbank getretene, neue Anstalt, durchaus ein Privat-Unternehmen, sollte sich auf 50,000 Einlagen gründen, die in Ansehung sowohl ihres Stoffs (Papier oder Metall), als ihrer Bestimmung (Schuldentilgung oder Bankgeschäfte) in zwei ungleiche Theile zerfallen.

1) Von jenen beiden in der Finanzgeschichte so berühmten Schottländern hatte Patterson an die Spitze des Stiftungsplans der Bank von England die Gewährung eines Darlehns an die Regierung gestellt, und Law bei Errichtung seiner Handelsgesellschaft, des Seitenstücks seiner Bank, 75 Millionen Livres Staatszettel, als Schuldfoderung an die Regierung, übernommen, und aus dem Umlaufe gezogen. Eine der letztern ähnliche Maßregel befolgten die Schöpfer der Oesterreichischen Bank. Die Gesellschaft der Unternehmer brachte hundert Millionen Gulden Einlösungsscheine (Wiener Währung) an sich, in Ansehung deren sie also Staatsgläubiger ward. Es sollten demnach zur Erlangung einer Actie zuvörderst 2000 Gulden in solchen Scheinen eingezahlt werden. Anstatt die Güter der Geistlichkeit als Hypothek anzuweisen, wovon die Regierung abstand, stellte sie auf eigenen Credit Schuldverschreibungen aus, welche die Bank nicht ohne Einwilligung der Regierung veräußern sollte; wogegen

die eingelieferten Einlösungsscheine vernichtet wurden. Nach und nach sollte diese bei der neuen Bank gemachte Anleihe abgetragen, und die Rückzahlung in Silber bewerkstelligt werden.

2) Wie bei der Gründung der Bank von England, außer dem Darlehn an die Regierung, 300,000 Pf. St. von den Eigenthümern aufgebracht worden, um die Bankgeschäfte in Gang zu setzen, eben so hier zu demselben Zwecke zehn Millionen Gulden in Conventionsgelde, wozu also eine Actie 200 beitragen sollte. Mit dem Discontogeschäft wurde die neue Bank dahin vorberechtigt, daß sie es zwar auf Wechsel beschränken soll, die „auf den Wiener „Platz unmittelbar ausgestellt, und daselbst zahlbar „sind," dagegen aber neben ihr keine andere Gesellschaft dasselbe treiben darf, sie jedoch befugt ist, Töchteranstalten zu unterhalten. Wie das Privilegium der Bank von England noch weiter geht, und auch Privatpersonen ausschließt, ist oben angegeben worden. Ein zweiter Erwerbzweig besteht in der Bewilligung von Darlehnen auf bewegliches Unterpfand, gegen Sechs vom Hundert, wie auf Grundstücke.

Bis hierher erscheint die neue Anstalt als Gesellschaft von Staatsgläubigern, und als Disconto- und Leih-Bank. Sie kömmt aber auch noch von Seiten zweier andern Eigenschaften in wichtigen Betracht: als Zettelbank, und als Staatsschulden-Tilgungsanstalt.

1) In der ersten Eigenschaft wurde sie berechtigt, Banknoten auszustellen, doch nicht mehr, als durch ihr baares Vermögen in Metall gedeckt wäre, um für den äußersten Fall gesichert zu seyn, sie alle verwirklichen zu können. Sie lauten auf 5, 10, 25, 100, 500 und 1000 Gulden in Silber. Die Bank verwendet dieselben sowohl bei Discontogeschäften und Darlehnen, als bei der Schuldentilgung. In den öffentlichen Kassen werden sie nicht nur angenommen, sondern bei größern Zahlungen soll sogar ein Theil darin abgeführt werden; die Regierung hat auf die Verwirklichung solcher Banknoten Verzicht geleistet.

2) Wiewohl das gewerbliche Leben eine große Erleichterung dadurch erfahren mußte, daß beinahe die Hälfte von der ursprünglichen Summe der Einlösungsscheine vermittelst der Actien aus dem Umlaufe gezogen wurden, so blieben doch nicht allein von diesen noch 112 Millionen, sondern auch eine sehr große, auf viele Millionen angegebne Summe andrer unverzinslicher, umlaufender Staatspapiere übrig. Wenn dem muthigen Entschlusse, alle Staatsschulden, verzinsliche und unverzinsliche, durch die Bank allmählich zu tilgen, die Kräfte nicht nachhaltig entsprochen haben, so verdient jener wenigstens alle Anerkennung.

a) Jährlich wird, nach dem anfänglichen Plane, eine Million Gulden in Conventionsmünze von der

Finanzbehörde an die Bank zum Behufe einer zweifachen Verwendung verabfolgt.

aa) Ein Fünftheil, 200,000, sind bestimmt zur Kündigung und Rückzahlung eines Theils des Capitals, welches die Actionarien in Einlösungsscheinen eingezahlt haben. Die dadurch jährlich wachsende Summe ersparter Zinsen soll der Bank zufließen, zur Erweiterung ihrer Disconto- und Darlehn-Geschäfte.

bb) Vier Fünftheile, 800,000, werden verwandt zur Tilgung sowohl jener noch übrigen 112 Millionen Gulden Einlösungsscheine, als der erwähnten sehr beträchtlichen Zahl andrer noch umlaufenden, unverzinslichen Staatsschuldpapiere, namentlich der sogenannten Anticipationsscheine. Hierzu wurde folgender Weg eingeschlagen. Eine möglichst große Zahl dieses Papiers schnell aus dem Umlaufe zu schaffen, war dringendes Bedürfniß. Vorläufig sollten demnach an dessen Stelle Schuldverschreibungen angefertigt werden, mit einem vom Hundert verzinset, und verkäuflich, mit der Festsetzung, sie nach Möglichkeit wieder einzulösen, und die hierdurch entstehende Summe ersparter Zinsen der Tilgungskasse anzuweisen.

b) Das Tilgungsgeschäft sollte die Bank übernehmen, und dazu durch ihre Noten mitwirken. Zu ihrer Sicherheit wurden ihr von der Regierung sämmtliche Bergwerke des Reichs als Pfandschaft angewiesen. Lauter Banknoten, zu verwirklichen auf Sicht, hätte freilich Jeder bei dem Umtausche am liebsten genommen; dadurch wäre aber der Credit der Bank untergraben worden; auch stritt es gegen eins ihrer Gesetze. Es ward also bestimmt, daß bei jeder Umwechselung für eingeliefertes Papier nur der kleinere Theil in Banknoten, der größere in Anweisungen auf die erwähnten, mit 1 % verzinseten Schuldverschreibungen, vergütet werden sollte, nach diesem Verhältniß: 2/7 in Banknoten, 5/7 in Anweisungen: je 40 Gulden Banknoten mit 100 Gulden Verschreibungen. Wie nöthig diese Maßregel war, zeigte sich nur zu bald. Schon am achten Julius mußte mit dem Geschäft wieder Einhalt geschehn. Aus Mißtrauen und Wuchergeist waren die Meldungen zum Umtauschen zu stürmisch, der Andrang bei der Bank zum Verwirklichen zu stark.

Dieser Plan enthielt zu viel Neues, und eine so künstliche Zusammensetzung, daß er wenig Eingang fand. Die Capitalisten trugen Bedenken, die beträchtliche Summe von 1000 Gulden Conventionsmünze, die den Werth einer Actie ausmachte, daran zu wagen. Der Curs nämlich der Einlösungsscheine oder Wiener Wärung stand damals etwa auf 40 (für 100 des Nennwerthes); man kaufte also 2000

Gulden Papier mit 800 Silber. Hierzu 200 unmittelbar in letzterm.

Nach vielen Verhandlungen und mehrseitiger Beleuchtung der Sache wurde daher im Sommer 1817 der erste Plan in mehrern wesentlichen Bestimmungen abgeändert und vereinfacht*). Die beiden Grundsummen: 100 Millionen Einlösungsscheine, und 10 Millionen Conventionsmünze, blieben unverändert; zur Erleichterung aber der Theilnahme wurde, um beide Summen zu erreichen, die anfänglich gesetzte Zahl der Actien (50,000) verdoppelt, die einzelne demnach auf die Hälfte herabgesetzt (500 in Silber).

Ein anderes Mittel der Ermunterung zur Theilnahme bestand in dem Anerbieten der Regierung, die Einlösungsscheine zu einem höhern, als dem zeitigen Curs, anzunehmen, und nach diesem Maßstabe die Schuld in Silber abzutragen, nämlich zu 50 %. Sonach wurden für das Darlehn von 100 Millionen Gulden in Einlösungsscheinen 50 Millionen in Silber festgesetzt. Da aber die den Gläubigern oder Actionarien ausgestellten Schuldscheine nicht auf Silber, sondern auf dargelehntes Papier, lauteten, so wurden die Zinsen, wenn gleich ebenfalls in Silber gezahlt, doch nur auf 2 1/2 % bestimmt, dem gemäß,

*) Statuten der Oesterreichischen Nationalbank, vollzogen unter dem 15. Jul 1817.

daß das Capital in Papier zur Hälfte seines Nennwerthes angenommen worden.

Bis dahin, wo einst die Schuld gänzlich getilgt seyn wird, zahlt die Regierung die volle Summe der bewilligten Zinsen an die Bank ohne Abzug, ungeachtet sich das Capital jährlich durch periodische Rückzahlung vermindert. Diese Einrichtung ist getroffen, damit die Actionarien, in der Eigenschaft als Gläubiger der Regierung, in den 2½ % einen unveränderlichen Ertrag ihres Darlehns genießen; zum Unterschiede von dem veränderlichen, den die aus dem Geldverkehr gewonnene Dividende gewährt. Wie der für die Regierung hieraus entstehende Verlust ersetzt werde, erhellt aus dem Schlusse des Folgenden.

Einen Haupttheil nämlich, ja die Grundlage dieser Anstalt, macht der Tilgungsplan aus. Zufolge der Abänderung von 1817 wird von der Schuld jährlich eine halbe Million Gulden in Silber abgetragen; (blos mit Ausnahme des ersten Jahrs, in welchem hiervon nur ⅖, weil die Sache erst in der zweiten Hälfte des Jahrs den Anfang nahm). Die genannte jährliche Tilgungssumme wird unverkürzt an die Bank abgeführt, und von deren Foderung an die Regierung abgeschrieben. Indem so das Schuldcapital jährlich abnimmt, steigt die Summe der ersparten Zinsen fortschreitend: und dadurch, daß dieses Ersparniß dem Tilgungsfonds gut geschrieben wird, entsteht ein Ersatz jenes Verlustes der Regierung.

Zunächst ist der Bank das Privilegium auf 25 Jahre ertheilt, doch mit der Aussicht auf Verlängerung, da nach Ablaufe dieser Frist der Betrag sämmtlicher für die „Papiergeld-Einlagen" ausgestellten Obligationen noch nicht gänzlich getilgt seyn kann.

Nur etwas über zwei Jahre befand sich das Werk im Gange, als schon die Ueberzeugung von der Gediegenheit desselben bei den Eigenthümern Eingang gewonnen, und den Wunsch erregt hatte, die Zahl der Theilnehmer zu beschränken, damit die Dividende möglichst hoch ausfiele. Von den stiftungsmäßigen 100,000 Actien waren zu Anfange des Jahrs 1820 abgesetzt und im Umlaufe befindlich 50,621. Da faßten die Actionarien in einer allgemeinen Versammlung am 17. Januar 1820 den Beschluß, bei der Regierung die Genehmigung nachzusuchen, daß keine Actien mehr ausgegeben würden, sondern die Bankgesellschaft die noch übrigen 49,379 im Ganzen übernehmen, und die entsprechende Summe von Einlösungsscheinen zahlen dürfte. Nach erfolgter Einwilligung erließ die Bank hierüber unter dem 9. März eine Bekanntmachung. Zum Behufe des Papiertilgungsgeschäfts veranstaltete die Bank eine besondere Kasse, welche die Schuldpapiere, jedoch nicht unter 25 Gulden, zu dem Curs von 40 einlösete; wonach sie für je 25 Gulden Einlösungs-

und Anticipations-Scheine 10 Gulden in Conventionsmünze zahlte.

In Folge der zweifachen Haupt-Eigenschaft dieser wichtigen Anstalt besteht der Ertrag einer Actie in den Zinsen des Papier-Darlehns, und der Dividende von dem Geschäftsverkehr. Zu drittehalb vom Hundert hatte jene der Schuldner bedungen; die Gesellschaft aber, eines guten Fortganges der Bankgeschäfte gewiß, erhöhte aus ihren Mitteln dieses unveränderliche Einkommen von einer Actie auf drei, oder, da gewöhnlich nach Tausend gerechnet wird, auf dreißig Gulden, die gegen ausgereichte Zinsscheine gezahlt werden. Als Dividende konnten ebenfalls dreißig vom Tausend unbedenklich festgesetzt werden. Dabei ist jedoch nicht übersehn worden, daß Unfälle und Verluste eintreten können. Ein Reserve-Fonds war daher ein nothwendiges Erfoderniß, um die verbürgte Dividende zu decken. Für diesen wird von dem Ueberschusse in einträglichen Jahren die Hälfte bestimmt, die andere der Dividende zugesetzt. Die Bestände jenes Fonds werden in gewissen mit 4 bis 5 % verzinseten Staatsschuldpapieren angelegt.

Zur Bequemlichkeit für die in Wien wohnhaften Actien-Inhaber ist mit der Anstalt ein Giro-Comtoir verbunden.

---

§. 14.

Schwedische Bank

Diese bedeutende Geld-Anstalt ist von dem jungen Könige Karl dem Eilften am 3. Oktober 1675 mit einem Capital von 300,000 Thalern gegründet, und als Staats-Eigenthum den Reichsständen zur Verwaltung übergeben worden. Dem gemäß wird der reine Ertrag zu öffentlichen Zwecken verwandt; auch leistet diese Bank der Regierung in Nothfällen Vorschüsse. Ihrer ursprünglichen Bestimmung nach war sie nur eine Leih-Anstalt, die gegen 6 % Darlehne auf Grundstücke und Eisen-Niederlagen gewährt, und für angenommene fremde Gelder 4 % zahlt. Die im letztern Falle von ihr ausgestellten Schuldverschreibungen führen den Namen Lehnbankzettel, und sind au porteur. Eine große Erweiterung ihres Wirkungskreises erlangte sie im Jahre 1726 dadurch, daß ihr das Recht einer Zettelbank beigelegt wurde. Die unter dem Namen Transportzettel von ihr ausgestellten Anweisungen auf sich selbst sind, ihres Credits wegen, förderlich für den Verkehr. Seit dem Anfange dieses Jahrhunderts ist sie zugleich Disconto-Bank *).

---

*) Fr. Schmidt: Schweden unter Karl XIV Johann Heidelberg 1842 S. 245 259 ff 427 ff.

§. 15.

Dänische.

Die Bank zu Kopenhagen verdient Erwähnung hauptsächlich wegen der damit vorgenommenen Veränderungen, und des genauen Zusammenhanges mit den Finanzbedrängnissen der Regierung. — Als das Bedürfniß einer Vermehrung der Zahlungsmittel zunahm, traten Capitalisten im Jahre 1736 zusammen, und beschlossen die Gründung einer Zettelbank, deren Stiftungscapital auf eine halbe Million Thaler Dänisch Courant festgesetzt wurde, getheilt in 1000 Actien, jede zu 500 Thalern. Die Regierung bestätigte dies nicht nur, sondern betheiligte sich auch mit einer beträchtlichen Zahl von Actien; wobei der König Christian der Sechste fur sich und seine Nachfolger feierlich gelobte, sich keine Eingriffe in die Bankverwaltung zu erlauben. Die gewöhnlichen Geschäfte einer Zettelbank kamen in Gang, mit Ausgebung von Banknoten. Zur Erleichterung des Actien-Verkehrs wurde 1760 fur gut gefunden, sie in fünf gleiche Theile zu theilen, und dazu 1000 Stück neue, ebenfalls zu 100 Thalern, zu schaffen; so daß die Gesammt-Zahl nun 6000 betrug, mit einem Grundcapital von 600,000 Thalern.

Die Geschäfte gingen gut, die Dividende fiel ansehnlich aus; die Bank war im Stande, der Regierung beträchtliche Summen vorzuschießen, freilich großentheils in Banknoten. Das reizte den Finanzminister von Schimmelmann. Er muß aber nicht gewußt, oder nicht bedacht haben, welche Folgen es gehabt, als, bewogen von Law, der Reichsverweser von Frankreich die Privat-Bank zur königlichen erklärte, und die Einlagen zurückzahlen ließ. Genug, Schimmelmann that 1773 dasselbe, troß dem Einspruche der Eigenthümer. Diese erhielten ihre Einlagen nicht ein Mal in Baarschaft zurück, sondern für jede Actie (zu 100 Thlr.) eine mit 5 % zu verzinsende Schuldverschreibung. Nun hatte der Staatshaushalter freie Hand, die Banknoten nach Belieben zu vermehren. Schon vor diesem Gewaltstreiche hatte, bei den starken Darlehnen der Bank an die Regierung, die Verwirklichung gestockt; nun sank der Curs fortwährend. Daß vom 1. Julius 1800 bis dahin 1801 für 600,000 Thaler öffentlich verbrannt wurden, konnte den Zustand des Geldwesens nur wenig verbessern.

Tiefe und nachdrückliche Mittel zur Erreichung dieses Zweckes wurden durch die unter dem 5. Januar 1813 erlassenen, gesetzlichen Bestimmungen ergriffen*).

*) Fundation für die Reichsbank.

Verordnung wegen einer Veränderung im Geldwesen ꝛc.

Beide königliche Erlasse vom 5. Januar 1813, in Deutscher und Dänischer Sprache. Gedruckt zu Kopenhagen bei Schultz.

Die Courant=Bank, so genannt zum Unterschiede von der einige Zeit neben ihr bestandnen Species=Bank, einer Privatanstalt, wurde umgeändert. Allen Grundstücken im Reiche ward ein für alle Mal eine Abgabe von sechs vom Hundert ihres Werthes in Silber auferlegt. Bis ein Steuerpflichtiger seinen Antheil abgetragen haben würde, sollte der Bank das Recht der ersten Hypothek zustehn, die auch so lange, als dies nicht geschehn wäre, von dem Grundeigenthümer 6 1/2 % Zinsen einzutreiben berechtigt wurde. Selbst die hypothekarischen Gläubiger sollten nach Verhältniß beitragen.

Eine starke Voraussetzung war es, daß die aufzubringende Summe hinreichen würde, um 46 Millionen neuer Banknoten zu decken. Von diesen wurden bestimmt: a) 27 zum Einziehn aller bisherigen, zu einem sehr niedrigen Curs; b) 15 zur Verfügung der Regierung in Nothfällen; c) 4 zum Geschäftsbetriebe der Bank. Dieser erstreckt sich wie gewöhnlich, auf Wechsel=Disconto, Darlehne und Anleihen. Für letztere darf die Bank 5 % Zinsen bewilligen. Zugleich wurde sowohl eine Giro= als Deposito=Anstalt damit verbunden.

Außer den alten Banknoten befand sich auch eine Menge von Geldscheinen im Umlaufe, die bisher von verschiednen öffentlichen Stellen und Anstalten ausgegeben worden. Gegen Ausstellung von Verschreibungen, zu deren jährlicher Verzinsung

350,000 Thaler in Silber bestimmt wurden, sollte die Bank diese ebenfalls einlösen. Um in manchen andern Dingen aufzuräumen, und das Schuldenwesen zu ordnen, sollte sie zehn Millionen in Silber aufnehmen, mit der Bedingung, daß die Gläubiger die darüber ausgefertigten Verschreibungen nicht kündigen könnten. Auf die Verzinsung, so wie auf die Tilgung eines Theils des Capitals, sollte die Bank jährlich von ihrem Einkommen 600,000 Thaler verwenden.

Auf dieser Bestimmung, den öffentlichen Haushalt und das Geldwesen zu verbessern, beruhn die Namen Reichsbank, und Reichsbankzettel. Die neu eingerichtete Anstalt, fortdauernd ein Unternehmen der Regierung, wurde zur einzigen im Reiche erklärt, mit der Befugniß, Töchter-Anstalten anzulegen.

Aber schon 1818 ward abermal eine Veränderung beliebt, und die Anstalt zu einer Nationalbank erklärt, deren Eigenthümer sämmtliche Grundbesitzer seyn sollten, die zu jener Grundvermögensteuer wenigstens 100 Thaler beizutragen verpflichtet wären. Sie trat in alle Rechte und Verbindlichkeiten der Reichsbank, und ward auf 90 Jahre berechtigt.

§. 16.

Preußische *).

Mit einem Capital von acht Millionen Thalern hat die Regierung für alleinige Rechnung diese Anstalt im Jahre 1765 gegründet, und im nächsten Jahre erweitert. Sie wird also blos von landesherrlichen Beamten verwaltet. Das Haupt-Comtoir ist zu Berlin, mit untergeordneten Comtoirs in den vorzüglichsten Handelsstädten. Alle Befugnisse einer Zettel- oder Disconto- Deposito- und Leih-Bank sind ihr beigelegt. Der Disconto, nicht auf Wechsel und Anweisungen beschränkt, kann sich auch auf Schuldpapiere erstrecken, gegen ein Viertel monatlicher Zinsen vom Hundert. In der Eigenschaft als Darlehn-Anstalt sollte sie zugleich dem Wucher steuern, indem sie, gegen sicheres Unterpfand, jährlich nur 4 vom Hundert nimmt. Als Schuldnerin dagegen, wenn sie Deposita verzinslich annimmt, giebt sie nur

*) Edicte und Reglements der königlichen Giro- und Lehn-Banco zu Berlin und Königsberg in Preußen, vom 17. Jun. und 19. Sept. 1765. In Mylii novum corpus constitutionum Prussico-Brandenburg. Band III. S. 915 ff. 1050 ff.

Reglement der königlichen Giro- und Lehn-Banquen zu Berlin und Breslau, vom 29. Oktober 1766. Daselbst Bd. IV. S. 591—604.

Cabinets-Ordre ꝛc. vom 16. Jul. 1768, Bd. V. S. 4031. N. 58.

die Hälfte, mit Ausnahme derer, von Unmündigen, und milden Stiftungen, desgleichen der gerichtlichen, wo sie drei % gewährt.

Ein beträchtlicher Gewinn mußte daraus entstehn, daß sie alle ihre Zahlungen in Banknoten leisten durfte, ohne die Verpflichtung, dieselben zu verwirklichen. Gleichwohl war ihr Credit vollkommen gesichert. Denn es sollte Niemand zur Annahme derselben gezwungen seyn; die Pfänder konnten bei dem Lombard dafür eingelöset werden; in den öffentlichen Kassen wurden sie angenommen; und es befanden sich weniger im Umlaufe, als das Stiftungscapital betrug. Sie lauteten sämmtlich auf Gold. Nachdem sie längst wieder eingezogen worden, sind an ihre Stelle Geldscheine getreten, die zur Beschleunigung der Zahlungen ausgegeben werden, wie dies auch von großen Privat-Bankhäusern, besonders in England, geschieht.

Mit dem Hauptcomtoir in Berlin, und den untergeordneten zu Breslau und Königsberg, war für die Kaufmannschaft dieser Städte eine sogenannte Wirbel- oder Giro-Bank verbunden *).

Nicht nur der Umstand, daß die hier niedergelegten Baarschaften in verschiednen Münzen bestanden, sondern auch der Disconto-Verkehr mit auslän-

---

*) Reglement von 1765, Art. 8—18; — von 1766, Art. 12—26: a. a. O.

dischen Handelshäusern, machte nothwendig, bei den Berechnungen ein allgemeines Zahlungsmittel zum Grunde zu legen, das allerdings nur ein eingebildetes seyn konnte: Bank-Pfunde, worin die Bücher geführt, und die Wechsel ausgestellt werden sollten, und auf die auch die Banknoten lauteten, die höchsten auf Eintausend. — Auf die feine Mark Silber Cölnisch sind gerechnet 10 2/3 Bankpfunde, = 14 Thaler Preußisch, also 100 Pfund = 131 1/2 Thaler.

§. 17.

Französische *).

Bald nach dem denkwürdigen 18. Brumaire des Jahrs VIII. (9. November 1799) traten, in der Aussicht auf Wiederkehr der öffentlichen Ordnung, mehre Capitalisten in Paris zur Anlegung einer Bankanstalt zusammen, bei der sich auch die neue Regierung mit 5 Millionen Franken betheiligte. Schnell und allgemein wurde das Nützliche des Unternehmens anerkannt, daß in kurzer Zeit das Stiftungs-

*) Le Moniteur universel:

1) An XI de la republ., N. 184. 195. 203—205, le 4. 15. 23—25 Germinal (25. März, u. 5. 13—15. April 1803.)

2) An 1806. N. 103 et 113, le 13. et 23. Avril.

3) An 1808. N. 4 et 18, le 4. et 18. Janvier.

capital auf 30 Millionen stieg, getheilt in 30,000 Actien, jede von 1000 Franken.

Seit früherer Zeit hatten in Paris zwei Anstalten von geringerm Umfange bestanden, eine „Handelskasse," und ein „Handelscomtoir," von welchen ebenfalls, gleich der Bank, Anweisungen auf sich selbst und auf Sicht, ausgestellt worden. Dreierlei Papierzahlungsmittel verursachten mancherlei Irrungen. Daher wurden, um eine Vereinfachung zu bewerkstelligen, im Jahre 1803 die beiden frühern Anstalten mit der neuen zu einer Bank von Frankreich vereinigt. Durch Hinzutreten jener beiden ward das Capital um die Hälfte vermehrt, stieg also auf 45 Millionen, getheilt in 45,000 Actien, jede zu 1000 Franken. Ausländer können Theil nehmen. Eine große Erweiterung erhielt die Bank seit 1806 durch den Plan der Verdoppelung ihres Stammcapitals, also durch Erhöhung der Zahl der Actien von 45,000 auf 90,000; doch ist diese Zahl nicht voll geworden, oder nicht voll geblieben. Das Privilegium der Anstalt, zunächst auf 15 Jahre ertheilt, ist 1818 auf 25 Jahre erneuert worden.

Die Summe der auszugebenden Banknoten hängt ab von der Bestimmung der Regierung. Im Jahre 1842 sollen für 222 Millionen Franken im Umlaufe gewesen seyn. Die geringsten sind auf 500 Franken gestellt. Die Bank leistet darin ihre Zahlungen, mit beständiger Bereitwilligkeit, sie zu verwirklichen. Die

Actien sind nicht au porteur, sondern nur übertragbar. Als jährliche Dividende sind Sechs vom Hundert festgesetzt; ist ein Ueberschuß vorhanden, so werden davon auch noch zwei Drittheile verhältnißmäßig vertheilt, das dritte fließt in den Reserve-Fonds, aus dem in erfoderlichen Fällen jene festgesetzten 6 % ergänzt werden.

In Ansehung der Geschäfte kömmt die Bank von Frankreich ziemlich überein mit der, von England: Disconto von Wechseln und andern Foderungen; Handel mit Gold und Silber, doch unter dem strengen Verbot jedes Handels mit andern Waaren; Gewährung von Darlehnen; Erwerbung von Grundstücken; ferner die Auszahlung der Zinsen für die Staatsschuld, gegen eine mäßige Vergütung; Besorgung der Geldgeschäfte von Privatpersonen und öffentlichen Anstalten; Verwahrung fremder Gelder und Kostbarkeiten. In den größern Handelsstädten hat die Bank ihre Comtoirs.

Dritter Theil.

Stellvertretendes und besonderes, oder Papier-Geld.

§. 18.

Bezeichnende Merkmale und wesentliche Bedingungen.

Wo in wissenschaftlichen Werken von Papiergelde die Rede ist, haben die Schriftsteller meistentheils Banknoten im Sinne, indem diese fast allgemein für solches gehalten werden, da sie doch nur darauf geführt haben. Zahlungsanweisungen, von einem einzelnen großen Handelshause auf sich selbst ausgestellt, werden doch nicht als Papiergeld angesehn; was sind Banknoten anders, als solche Anweisungen einer größern Gesellschaft? Wenn nun feststeht, daß Papiergeld die Stelle des Metallgeldes in allen eigenthümlichen Merkmalen desselben vertritt, so kann jene Vorstellung nicht als streng richtig gelten. Anerkannt besteht das Haupt-Unterscheidungsmerkmal des Metallgeldes oder der Münze darin, daß jetzt, nachdem das bürgerliche Gemeinwesen geordnet ist, und große Handelsstädte das Münzrecht nicht mehr besitzen, dieses Recht ausschließlich der Regierung zusteht, da sie allein vermag, Gehalt und Gewicht hinreichend zu verbürgen, um von Jedermann auf Treue und Glauben angenommen zu werden; daß also auch ein die Münze vertretendes, ihr in jeder Beziehung gleiches Papier nur von der Regierung, als der Münzbehörde, ausgegeben werden kann. Wie verhält es sich aber mit den jetzigen Dänischen Banknoten, die von einer „Reichs„bank" ausgegangen? Sie machen keine Ausnahme: diese Noten sind wirkliches Papiergeld, da sie von derselben Behörde herrühren, welche allein berechtigt ist, Münze zu schlagen. Man könnte mit der Dänischen vormaligen Reichs-Bank die Preußische zusammenstellen, und demnach die Noten, welche die letztere in früherer Zeit ausgegeben hat, ebenfalls für Papiergeld halten, um so mehr, da sie nicht verwirklicht wurden. Eine Staats-Anstalt ist diese Bank unstreitig*); denn die bei ihr belegten Capitalien sind gesetzlich als Staatsschuld anerkannt, und das gesammte Staatsvermögen ist als Pfandschaft angewiesen**). Diese Erklärungen, betreffend die Preußische Bank, fallen zwar in eine spätere Zeit, sie finden aber ihre Bestätigung in einer gesetzlichen Stelle aus der frühern, welche die Bank-Obligationen betrifft, und in ihrem Geiste abgefaßt ist:

---

*) Verordnung vom 27. Oktober 1810: Gesetz-Sammlung Stück 2, N. 3, S. 29.

**) Verordnung vom 3. April 1815, §. 1: Gesetz-Sammlung 1815, Stück 5, N. 272.

„selbst nicht, wenn Gelder der Minderjährigen bei „der Bank belegt werden, bedarf es einer besondern „Prüfung der Sicherheit der darüber ausgestellten „Obligationen *).“

Ein anderes bezeichnendes, von den Banknoten unterscheidendes Merkmal des Papiergeldes ist in den Umstand zu setzen, daß es, als dem Metall völlig gleich, nicht gegen solches umgetauscht wird. Es war daher, wenn nicht Verkennung seines Wesens, und Verwechselung mit Bankscheinen, doch die wohlgemeinte Absicht, den gesunkenen Credit zu heben, wenn die späteren Preußischen Tresor-Scheine bei den Bank-Comtoirs zu Berlin, Breslau, Stettin, Elbing und Königsberg verwirklicht werden sollten. Auch die im Jahre 1772 in dem damaligen Kursachsen eingeführten, und 1802 veränderten Kassenbillets konnten in Dresden und Leipzig verwirklicht werden.

Von Creditzetteln ist das Papiergeld ebenfalls wesentlich verschieden. Solche einstweilige, von öffentlichen Behörden in Zahlung gegebne Scheine werden wieder eingelöset, und tragen bis dahin Zinsen, und zwar ziemlich hohe, wie unter andern die Schatzkammerscheine in England.

---

*) Allgemeine Deposital-Ordnung vom 15. September 1783. Tit. I. §. 41.

Vergl. Verordnung vom 28. Oktober 1835: Gesetz-Sammlung Stück 26, N. 1673.

Es ist noch die Frage übrig, ob eine Hypothek erfoderlich sei? Folgerechter Weise kann eine solche, wenn sie Statt haben soll, nur in einer Einnahmequelle bestehn, die eine entsprechende Summe Münze, als den Gegenstand, ergiebt, den das Papier vorstellt. So waren den Sächsischen Kassenbillets die Einkünfte von der Accise angewiesen; die Verbürgung der Preußischen Tresor-Scheine war durch den Namen bezeichnet.

Die sicherste Hypothek ist immer das öffentliche Vertrauen auf die Regierung, auf ihre Vorsicht, das Papier möglichst so einrichten zu lassen, daß dem Betruge vorgebeugt werde, und auf ihre Wachsamkeit hierüber; ferner auf ihre Mäßigung in Ansehung der auszugebenden Summe, damit nicht ein nachtheiliges Mißverhältniß zu dem umlaufenden Metall entstehe, endlich auf ihre Verheißungen, das Papier stets unverweigerlich in den öffentlichen Kassen anzunehmen, und den Staatsgenossen keinen Zwang im Gebrauche desselben aufzuerlegen. Wenn diese Erfodernisse erfüllt sind, so wird in jedem irgend gewerbthätigen Lande, das der Banknoten entbehrt, ein solches Papierzahlungsmittel gesucht seyn, wegen der bekannten Vorzüge vor dem Metall im größern Verkehr.

§. 19.

Beispiele.

Von eigentlichem Papiergelde, der Baarschaft völlig gleich, mit oder ohne Hypothek, ohne Auswechselung, ohne Verzinsung, und von der Regierung ausgegeben, ist das sogenannte Paper Money der Nordamerikanischen Staaten das erste vorzügliche Beispiel. Die Sache war zu neu, das Vertrauen zu gering, um den Credit derselben aufrecht zu halten. Daher hat die Regierung 1792 aus dem Erlös der verkauften Staatsländereien eine Tilgungskasse gebildet.

Wie dieses Land in manchen Dingen für Frankreich ein verführerisches Vorbild gewesen ist, und la Fayette ein Zögling dieser Pflanzschule, so ist auch in der auf das Höchste gestiegenen Finanznoth, die den Umsturz des gesellschaftlichen Gebäudes veranlaßte, die Einführung von Papiergeld nachgeahmt worden. Mit rücksichtloser Wildheit fiel die neu geschaffene öffentliche Gewalt am 2. November 1789 über die Güter der Geistlichen her, und erklärte sie für Güter der Nation; worauf am 13. Februar des nächsten Jahrs alle geistliche Stiftungen für aufgehoben erklärt wurden. Die Güter sollten dem Papier als Bürgschaft dienen! Aber in seinem politischen Rausche behielt der Franzos, wo es auf das Geld ankam, immer die gehörige Nüchternheit. Er verdeutlichte sich, daß eine so unbestimmte und allgemeine Hypothek so gut wie keine sei; und eine Regierung, deren Mitglieder sich so zerrissen, konnte kein Vertrauen einflößen, wozu kam, daß durch die Unzahl von Zetteln, womit die unsinnigen Gewalthaber das Land überschwemmten, die Sache sich selbst aufheben mußte. Mit 400 Millionen Livres Anweisungen (Assignaten) auf jene Güter wurde am 19. December 1789 der Anfang gemacht, die aber bald auf das Doppelte stiegen, und binnen sechs Jahren mit unerhörtem Frevel auf vierzigtausend Millionen vermehrt wurden. — Als die schrecklichste Zeit überstanden war, kamen Männer an das Ruder, welche die furchtbare Landplage der Assignaten erkannten; sie ließen am 19. Februar 1796 die Verfertigungswerkzeuge vernichten. Daß sie dieses Papier ohne Weiteres für abgeschafft erklärten, konnte freilich nicht sonderlich als Ungerechtigkeit gegen die Inhaber angesehn werden, denn es war fast zu Nichts geworden, und jeder hatte es, ohne allen Glauben an die Möglichkeit eines wieder steigenden Werthes, zu dem allergeringsten angenommen. Die sogenannten Mandaten, ein am nächsten 18. März beschlossenes, neues Papier, unterschieden sich von jenem dadurch, daß sie auf namentlich bestimmte Güter ausgestellt waren. Aber auf ein Mal 2400 Millionen, und mit gezwungenem Curs: förderlich für die Pest der Agiotage! Schon nach vier Monaten gezwungen, den Mißgriff einzugestehn, nahmen die Urheber am 16. Julius die letztere Verfügung zurück: da vergingen auch die Mandaten.

Unter andern, zum Theil günstigen Umständen sind im Preußischen Staate die Treforscheine von der Regierung am 4. Februar 1806 beschlossen, und am ersten Julius desselben Jahrs zuerst ausgegeben worden. Mit dem Bedürfniß jener, die sich auf Kriegsrüstungen gefaßt machen mußte, traf das zunehmende Verlangen nach einem Papierzahlungsmittel zusammen, da der Umlauf der Banknoten sich größtentheils auf die Handelsplätze an der Ostsee beschränkte, auch überdies, wie erwähnt, fast aufgehört hatte. Im Betrage von 5 Millionen Thalern wurden Scheine von 250, 100, 50, und 5 ausgegeben. Wegen der hohen Summen, auf welche sie lauteten, waren sie nur für große Zahlungen brauchbar. Diesem Mangel ward, nach dem bald darauf erfolgten Verfalle, bei ihrer Wiederherstellung durch die Verordnung vom 11. Februar 1809, abgeholfen. Zufolge einer Verfügung vom 4. December des letztern Jahrs wurden zwei Millionen Ein Thaler-Scheine angefertigt, und dafür eben so viel größere eingetauscht. In den öffentlichen Kassen wurden die Treforscheine nicht nur angenommen, sondern es mußten auch größere Zahlungen an dieselben in einem bestimmten Theile davon bestehn.

Wie in ganz Deutschland, so begann auch in

dem Preußischen Staate mit dem Jahre 1815 ein neuer Zeitraum des bürgerlichen und gewerblichen Lebens. Der Drang des Verkehrs foderte eine größere Zahl von Ausgleichungsmitteln, wozu die Tresorscheine nicht mehr hinreichten, die überdies größtentheils fast bis zur Unbrauchbarkeit abgenutzt waren; weshalb sie gegen ein neues Papier umgetauscht wurden. Kassen-Anweisungen zu 50, 5, und 1 Thalern sind an die Stelle getreten, mit den in Betreff der Tresorscheine erlassenen, gesetzlichen Bestimmungen. Die zuerst beschlossene Summe von etwas über eilf Millionen*) befriedigte das Bedürfniß so wenig, daß in kurzem eine Vermehrung zunächst von sechs Millionen erfolgte, gegen welche eine gleiche Summe verzinslicher Schuldpapiere, Staatsschuldscheine nämlich und Domänenpfandbriefe, eingezogen wurden **).

Dem aufgestellten Begriffe zufolge sind diese Kassen-Anweisungen wirkliches Papiergeld: unmittelbar von der Regierung, als der Münzbehörde, ausgestellt, und gesetzlich für ein dem inländischen Metallgelde gleiches, „gemünztes Papier" erklärt***).

*) Beschluß vom 21. December 1824: Gesetz-Sammlung N. 904.
**) Verordnung vom 22. April 1827, daselbst N. 1060.
***) Daselbst, J. 1824. a. a. O. §. 1.

Bonn, gedruckt bei Carl Georgi.

FSC®
www.fsc.org
MIX
Papier | Fördert
gute Waldnutzung
FSC® C083411

Kolibri 360 GmbH
Ferdinand-Jühlke-Straße 7
99095 Erfurt, Deutschland
produktsicherheit@kolibri360.de